14歳の世渡り術
WORLDLY WISDOM FOR 14 YEARS OLD

わたしたちの世界を変える方法

アクティビズム入門

中村眞大［編著］

河出書房新社

わたしたちの世界を変える方法――アクティビズム入門　もくじ

CHAPTER 1

私たちの地球って大丈夫？——環境《かんきょう》問題

CHAPTER 2

安心して暮らせる国にするには？——平和と民主主義

CHAPTER 3

性の不平等をなくすには？——ジェンダー問題

CHAPTER 4

日本で暮らす多様な人々と共に歩む未来って？ ——グローバル化と人権

CHAPTER 5

私たちの学校を変えるためには？——校則・教育改革

CHAPTER 6

誰《だれ》もが安心して生活できる社会って？——若者の貧困

まえがき

中村眞大（フリーランスライター／大学生）

プロローグ

ある日、渋谷《しぶや》ハチ公前の広場に若者を含《ふく》む多くの人たちが集まって声を上げていた。「Free《フリー》 Free《フリー》 Palestine《パレスタイン》! Free《フリー》 Free《フリー》 Palestine《パレスタイン》!」。それは、イスラエルから無差別攻撃《こうげき》を受けているパレスチナに暮らす人々のためのデモだった。小学生くらいの少女が道行く人にビラを配っているが、受け取る人はほとんどいない。遊びに来ていたのだろうか。通りすがりの若者たちの会話が聞こえてきた。「何あれ？」「宗教？」。

僕《ぼく》は、前にも似たような光景に居合わせたことがあった。銀座の大通りを、政権に抗議《こうぎ》する若者グループが行進していたときのことだ。軽快な音楽とともに、ピンク色の服をまとった人々が楽しそうに声を上げている。僕は取材のため、その様子を歩道から撮影《さつえい》していた。すると、僕のそばを歩いていたスーツ姿の同僚《どうりょう》らしき男たちが不敵な笑《え》みを浮《う》かべながらこんなことを言っていた。「あとで全部晒《さら》してやるからな」。

僕は、声を上げる同世代を中心に取材している大学生だ。僕自身も、校則を見直して学校をもっと自由にするために声を上げてきた1人でもある。

日本では、声を上げる人に対する視線が冷たすぎると僕は思う。まあそりゃそうだ。だって今まで一度たりとも、学校でデモについてとか声を上げる方法とか習ったことないもん。[*1] 何か恐《おそ》ろしいことをしている変な人たちに見えちゃうよね、そりゃ。仕方ない。

そこで僕は考えた。「社会を変えるため、声を上げることをもっと当たり前にしたい！」。

この本は、そんな思いから作られた、同世代による、同世代や次世代のための、今までに全くなかった新しい本なのだ。

「選挙に行こう」の一歩先へ

「選挙に行こう」

そんなキャッチフレーズのポスターやSNSの投稿《とうこう》を一度は目にしたことがあるかもしれない。ここ最近のいろいろな人たちの努力によって、「選挙に行くことは大切なことだ」とか「選挙は政治に自分の声を届ける機会だから行った方が良い」ということは広く知られるようになった。

しかし、まだ課題は多い。

まず残念なことに、今の法律では「18歳《さい》以上の日本人」にしか選挙に行くためのチケットが配られない。つまり、17歳以下の人や外国籍《せき》の人が政治に自分の声を届けたいと思っても、「選挙に行く」という最もオススメされている方法が使えないのである。17歳以下の人や外国籍の人だって、18歳以上の日本国籍の人と同様、日々、街で同じように暮らしているのにもかかわらず、である。

また、「選挙に行こう」という言葉には別の問題もある。「選挙に行くだけで満足する人」を量産してしまうという問題だ。もちろん、選挙に行くことはとても大切なことで、今選挙に行っている人はこれからも行き続けてほしいし、今行っていない人は、ぜひ行ってみてほしい。でも、今の日本では「選挙に行く」の「その先のステップ」に進む人がほとんどいないのである。つまり、僕が思っているのは、「『選挙に行く』以外の政治に声を届ける方法がもっと流行《はや》れば良いのにな」ということだ。

現代の日本は「民主主義国家」と言って、王様や殿様《とのさま》の子どもに生まれなくても、ある程度の仲間や味方がいれば、人々のリーダーとなって世の中を変えることができる。そのための合法で最短な方法が「選挙に立候補して当選すること」だ。簡単な話、立候補して当選すればこの世の中を変える仕事に就《つ》くことはできるわけである（知事や市長になったり、自分の所属するグループ［党や会派］の人数が議会で最も多くなったりすれば、それで首相《しゅしょう》や大臣にでもなれば、より世の中を変えやすくなる）。じゃあ学校を卒業したら政治家になろうと思う人もいるかもしれないが、残念ながらそれもそんなに簡単にはいかない。まず、日本の法律上（2024年現在）、最低でも25歳にな[*2]らないと選挙に立候補することすらできないのである。もっと残念なことを言う。選挙に出るためには供託金《きょうたくきん》という参加料を払《はら》わないといけないのだが、これがまた異常に高いのだ。
つまり、選挙に立候補するという行為《こうい》は、誰《だれ》にでも気軽にできるとは言い難《がた》い方法なのである。

アクティビズムってなんだ?

そこで本書を通して紹介《しょうかい》したいのが、アクティビズムだ。日本語にすると社会運動。運動とも略される。運動とは言っても、マラソンや筋トレなどの体を動かす運動のことではない。社会を動かす運動のことだ。社会運動を企画《きかく》し実行する人々は、活動家、社会運動家、近年ではアクティビストとも呼ばれている。

ここで読者の人に質問。「アクティビスト」や「活動家」という肩書《かたがき》からどんな人が想像されるだろう。

意識高い系、真面目ちゃん、思想が強い、怖《こわ》い、いけ好かない、などなど……。あんまり良いイメージはないかもしれない。特に、若者のアクティビスト・活動家と聞くと、もうなんか「自分とは生きている世界が違《ちが》う人間だ」みたいなイメージを持たれることもある。

だが、現実は違う。僕も社会運動をしている1人だが、現に今この原稿を、飲みかけのペットボトルが散乱する散らかしに散らかした机の上で書いているし、昨日も布団《ふとん》の中でぐっすり眠《ねむ》っていたら結局ついに大学の授業に行くことができなくなってしまった（まあ、他の著者の名誉《めいよ》もあるので、こんなにだらしない「アクティビスト」はさすがに珍《めずら》しいだろうということは一応補足しておくが）。少なくとも僕が今まで関わってきた同世代の「アクティビスト」は、基本的に「普通《ふつう》の若者たち」だ。何をもって普通とするかは置いておいて、「生きている世界が違う人たち」では決してないということは、ここで最初に明言しておきたい。

じゃあ、「普通の若者たち」が、なぜ「アクティビスト」になったのか。「普通の若者たち」は何を思い、何を訴《うった》えているのか。この本は、今を生きる22人の「アクティビスト」たちが自らの手で記した、自分自身の記録であり、心からの訴えである。手前味噌《みそ》になってしまうが、この記録は結構貴重だと思う。なぜならば、今まで、同世代の若手アクティビストたちの発信・記録は、すぐに埋《う》もれてしまうSNSか、記者という他者の取材を介した新聞記事などによってなされてきたため、直接当事者が記したきちんとした記録というのは、近年ほとんど存在していなかったからだ。そして、この本では、アクティビストという生き方にスポットを当てており、存在するさまざまな社会課題についてはあえて詳《くわ》しく取り扱《あつか》っていないことも、一つの特徴《とくちょう》であると言える。

ところで、さっきから僕が言っている「アクティビスト」の正式な定義とは何か。僕はこの本の編纂《へんさん》にあたって、有識者に確認《かくにん》したが、「アクティビストの定義なんてないよ」と言われ、驚《おどろ》いた。まあ、思えば確かにその通りだ。

100人いれば100通りのアクティビスト像がある。社会運動をしていても、そもそも自分のことをアクティビストだと思っていない人もいるし、アクティビストという呼称《こしょう》を批判している人もいる。というわけで、本来はアクティビズムやアクティビストの定義づけなど、すべきではないのかもしれないが、読者の皆《みな》さんの理解をスムーズにするために、一応本書では、「世の中を変えようと行動すること、それがアクティビズムであり、それを行う人がアクティビストだ」と僕は定義づけておきたい。

どうしてアクティビズムが大切なのか

この本の執筆《しっぴつ》に参加した22人は、基本的に選挙に出られない25歳未満だ。この本は、選挙に出られなくても（下手すれば投票すらできなくても）社会に対して声を上げることができるのだという実例集である。

よく「何かを主張するなら、やるべきことをやってからにしなさい」という言葉があるが、それは間違いだ。何かをしている人でなければ声を上げてはいけないなんてことは決してない。義務と権利はセットではない。誰だって臆《おく》せず自由に声を上げて良いのだ。声を上げるのに、年齢《ねんれい》も国籍も性別も居住地も学歴も知識も収入も知名度も関係ない。声を上げるのに資格なんていらない。

日本には古くから「空気を読んで周りに合わせること」、「自己主張をしないこと」が美しいといった価値観が根付いている。そして、「野球と政治と宗教の話はしてはいけない」という謎《なぞ》の風潮も同じく日本人に常識として植え付けられている。実際、僕が小学生の頃《ころ》も、空気を読めない人はいじめの対象とされ、「KY」（空気を読まない）という言葉が悪口として使われていた。その結果、人々は政治から距離《きょり》を取り、自分の意見を言わずに、大人しく偉《えら》い人が決めたことに黙《だま》って従うようになってしまった。もちろん、政治に無関心な原因はそれだけではないだろうが、諸外国と比べて、声を上げて訴える人を見る日本人の視線が冷たいのは、こうした風潮があるからだと僕は思っている。

しかし、大前提として、僕たちが政治に無関心でいたくても、政治はいつまでも僕たちのそばから離《はな》れてくれないのだ。

「公園でボール遊びができなくなった」、「コンビニのお菓子《かし》が前より小さくなった」、「ファミレスが値上がりした」。そんな些細《ささい》なことも全部、政治だ。残念ながら、私たちは、政治から逃《のが》れることはできないのである。だったら、もう仕方がない。おかしいことがおきないように見張っていよう。おかしいことが起きたら、勇気を出して声を上げよう。声を上げることは、私たちが、もしくは私たちの大切な人が、幸せになるために必要なことだ。無関心でいたがために、いつのまにか住んでいる街が、国が、世界が、とんでもないことになってしまっては取り返しがつかないのだ。今ある幸せが奪《うば》われ、悲しく不幸な生活を送ることを強《し》いられてからでは、もう遅《おそ》いのである（今不幸せな人は、もっと不幸せになってしまうかもしれない。たまったもんじゃない）。

思えば、日本の歴史を遡《さかのぼ》ってみたときに、近世では百姓一揆《ひゃくしょういっき》、近代では大正デモクラシー運動や米騒動《こめそうどう》といった形で、人々が声を上げて政治や社会を変えてきた歴史があるし、戦後にも、1960年6月18日には33万人が国会前に集まって政府に抗議したという記録がある。

確かに、日本人は「空気を読む大人しい国民」なのかもしれないが、こうして振《ふ》り返ると、いざという時にはきちんと声を上げてきたのだということがよくわかる。

繰《く》り返すが、私たちは、民主主義の国で暮らしている。この国には、1人ひとりが大切にされる憲法があり、1人ひとりの声が政治に反映される仕組みがある。これは別に天から降ってきたものではない。先人たちの努力の末に摑《つか》み取り、今日まで維持《いじ》されてきたものだ。

民主主義を大切にしよう。そして民主主義を最大限利用して、より楽しく明るく暮らそう。そのためのアクティビズムなのである。

なお、執筆者22人の選定に当たっては、若者の社会運動に詳しいジャーナリストの小林哲夫《てつお》さんなどにもご協力いただきながら、多種多様な社会課題から、ジェンダーバランスや年齢、活動内容・手段などを考慮《こうりょ》して執筆依頼《いらい》を行った。

つまりこの22人は、25歳未満のアクティビストのほんの一握《ひとにぎ》りに過ぎないということだ。「この本には含まれていないが、とても大切な活動をしている」という同世代のアクティビストを僕は何人も知っている。どうかこの本をきっかけに、声を上げる無名のアクティビストたちの訴えに少しでも興味をもってくれたら、そして自分が声を上げるきっかけの一つとなってくれたら嬉《うれ》しい。

＊1　スウェーデンやドイツなどでは、デモの方法や社会の変え方を学校の授業で学ぶ。

＊2　25歳という年齢は、衆議院議員、都道府県議会議員、市区町村長、市区町村議会議員の場合で、参議院議員と都道府県知事は30歳以上という年齢制限が課されている。

著者SNSアカウント一覧

日頃から著者の発信をチェックしたい人は、
ぜひ気軽にフォローしてみてください！

- 角谷樹環　Instagram: @kodama.k7676
- 足立心愛　Instagram: @kokoa_adachi
- 山本大貴　Instagram: @yama_dai_0809 / X: @Yamamotodaiki89
- Green Akari　Instagram: @vege_akari
- 楠本夏花　Instagram: @6natsuka_21
- 田原ちひろ　Instagram/X: @gakuseiheizemi
- 中村涼香　Instagram/X: @know_nukes_tky / HP: https://know-nukes-tokyo.com
- 夏目花　Instagram: @empower_meiji
- 中村京香　Instagram: @kyoka_1777
- 日野原楓　Instagram/X: @kaede_hinohara
- 宮島ヨハナ　Instagram: @icu.iris
- 三浦アーク　Instagram: @jeunnedark
- 中村眞大　Instagram/X: @NakamasaTube
- 安達晴野　X: @haruchan1917
- 塩川遥香　Instagram: @halkaccho
- 渡邉すみれ　X: SumireW20
- 林樟太朗　Instagram: @eoaoaai / X: @shotaroban
- 白坂里彩　X: @organ3174
- 丹野健／Chris Fotos　X: @redfield_ken
- 奥田木の実　X: @FREE20180913、@free_gakugei
- カわニしみつハ　Instagram: @mitsuha._.world

CHAPTER

1

私たちの地球って大丈夫?

環境問題

気候危機・石炭火力発電所建設支援《しえん》反対

私にとっての声を上げるということ

角谷樹環（かどや・こだま）

2006年生まれ。北海道で育ち、十勝の高校に進学。気候危機への恐怖《きょうふ》から2021年に「Fridays For Future Sapporo」に参加。ほか「選挙で聞きたい気候危機」メンバーなど。

ストライキをした日

2021年の10月、道路の向かい側の坂を自転車で上る野球部のクラスメイトに「どこにいくのー？」と声を張り上げ尋《たず》ねられ、私は、自転車で坂を下りながら、「ストライキー！」と叫《さけ》びました。肺に入る澄《す》み切った冷たい空気は心地よく、鞄《かばん》はいつもより軽い。そして快晴。文句なしのストライキ日和《びより》[*1]です。

その日私は、小学生のときのインフルエンザによる出席停止以来初めて（多分）学校を休みました。20キロ先にあるJICA[*2]に行き、バングラデシュへの石炭火力発電所建設支援に反対を示すためです。どうでもいいですが、それまで小学校、中学校と皆勤だったことは私にとって、数少ない自慢《じまん》（しかも、どれもしょうもない。10年間玄関掃除《げんかんそうじ》をしているとか）の1つでした。

さて、ストライキにはさまざまな意見があると思います。日本でのストライキの受け取られ方や、北海道の田舎《いなか》で中学生1人が1日学校を休んだだけという状況《じょうきょう》を考えると、運動としては、必ずしも効果的とは言えないのではないかという意見もあるでしょう。しかし、少なくとも私にとってストライキは大きな意味を持っていました。この日、学校を休んで、友だちにストライキにいくと叫んだまさにそのとき、私は自分が気候危機を解決するためにはどんなことでもできると思っていることに気づいたのです。

両親から受けた影響《えいきょう》

私が気候変動に対して関心を持ったのは、小学生の時にセヴァン・カリス＝スズキさんのスピーチを絵本にした『あなたが世界を変える日』を読んだことがきっかけでした。

また、私の両親はとてもアクティブな人だったため、私は小さい頃《ころ》から、両親がデモ（デモンストレーション／あるメッセージを伝えるため、人々の注目を集めることを目的にした行動）に参加したり、プラカードを持って立っていたりする姿を見てきました。何のデモかわからないまま参加し（両親は幼い私と兄弟を家に置いておくことができなかったのでしょう）、両親と同じようにコール（シュプレヒコール／集会など、多くの人が集まっている場で、声をそろえて、決まったフレーズを繰《く》り返し口にすること）をしながら得意になっていたこともありました。そのため、ご想像がつくかと思いますが、私は声を上げることに対してほとんど抵抗感《ていこうかん》を持っていなかったのです。子どもにとって両親の影響は大きく、ときに悪影響を及《およ》ぼす場合もありますが、私がストライキに行くと言った際に、「車には気をつけてください」とだけ言って送り出してくれた両親の下《もと》で受けた影響は素敵《すてき》なものが多かったと思っています。

私は両親から環境《かんきょう》問題の話を聞いた記憶《きおく》はありません。ただ私は、家の本棚《ほんだな》にはたくさんの絵本や本があるというとても恵《めぐ》まれた環境で育ちました。小学生の私が手に取り、環境問題に関心を持つきっかけとなった、セヴァン・カリス＝スズキさんのスピーチをまとめた本である『あなたが世界を変える日』はそのたくさんの本の中の一冊です。

二度と直せないもの

両親の姿を見て育ったことに加えて、もともと影響を受けやすい私はたちまち、情熱を持って声を上げるセヴァンさんに対して憧《あこが》れを持つようになります。アンパンマンもプリキュアも仮面ライダーも見ずに育った（祖母が言っていた「テレビを見たらバカになる」という言葉を信じていたため）私の初めてのヒーローはセヴァンさんかもしれません。また、セヴァンさんのスピーチはシンプルで私に強い影響を与《あた》えるものでした。

You don't know how to fix the holes in our ozone layer.
　オゾン層にあいた穴をどうやってふさぐのか、あなたは知らないでしょう。
You don't know how to bring salmon back to a dead stream.
　死んだ川にどうやってサケを呼びもどすのか、あなたは知らないでしょう。
You don't know how to bring back an animal now extinct.
　絶滅《ぜつめつ》した動物をどうやって生きかえらせるのか、あなたは知らないでしょう。
And you can't bring the forests that once grew where there is now a desert.
　そして、今や砂漠《さばく》となってしまった場所にどうやって森をよみがえらせるのか、あなたは知らないでしょう。
If you don't know how to fix it, please stop breaking it!
　どうやって直すのかわからないものを、こわしつづけるのはもうやめてください。

『あなたが世界を変える日　12歳《さい》の少女が環境サミットで語った伝説のスピーチ』

どうやって直すのかわからないものが、壊れている。壊れたものは二度と直らないかもしれない。考えればわかるその事実は、小学生の私に驚《おどろ》きと恐怖を与えました。

実は、それまで私には、何とかならなかった経験はなかったのです。私は小学生の頃、野球をやっていました。お世辞にも上手とは言えませんでしたが、それでも夏休み中に毎日素振《すぶ》りを100回行えば、何とかバットがボールにあたるようになりましたし、エラーをして監督《かんとく》に怒《おこ》られても死ぬわけではありませんでした。漢字テストだって、真剣《しんけん》にワークをやれば、100点が取れたものです、たとえその前が恐《おそ》ろしい点数だったとしても。ところが環境問題はそう上手《うま》くいくものではありませんでした。壊れてしまえばそれで終わり。止められなければ終わり。死んでしまったら決して戻ってこない。当たり前です。しかし、そんなことを考えたこともなかった私は、その「当たり前」にとても強いショックを受け、自分もセヴァンさんと同じようにアクションを起こしたい、起こさなければならないと思うようになりました。

ただ、そう思うようになったものの、そのときの私は、自分に何かができるとは思えず、将来、大人になったときに環境問題に関わる仕事をしようと考え、少しずつ今すぐに何かをしないといけないという危機感を忘れていきました。

野球をやっていたことや日々の生活に追われていたことも、忘れていく理由の1つになったと思います。何しろ月曜日以外はほとんど毎日野球の練習があり、放課後の時間がなかったために友だちも少なかった（ただ単に読書に没頭《ぼっとう》していただけかも）のです。

「今」アクションを起こすべきだと思ったきっかけ

そんなことで、私はおよそ環境問題とはほど遠い生活を送っていました。しかし、4年後、中学生になり、私は環境問題の深刻さについて再び考えるようになります。スウェーデンの環境活動家であるグレタ・トゥーンベリ[*3]さんのスピーチは気候変動がいかに私たちの未来に影響を与えるか、「今」行動することがどれほど重要かを私に教えてくれました。

私が気候変動に対して関心を持つきっかけになったのがセヴァンさんのスピーチだったとすれば、グレタさんのスピーチは私が今日のように行動するきっかけとなったものです。

初めて見たスピーチのグレタさんは怒っていました。怒《いか》りはとても強い影響を持つ感情です。グレタさんの訴《うった》えていたことの1つに若者の未来がなくなるかもしれないことに対する大人たちの責任がありました（大人と若者で対立構造を作るという意味ではないと捉《とら》えています）。

グレタさんの主張や怒りの表現に対してもさまざまな意見があることはわかっています。しかし、私はそのスピーチによって今度こそすぐにアクションを起こさなければならないと思ったのです。特に自分の未来がなくなるかもしれないということは私にとって強いメッセージでした。

おわかりかもしれませんが、私はかなり単純ですぐに影響を受けるタイプです。私の好きな作品であるハリー・ポッターを読んだ後の11歳の誕生日はホグワーツから手紙が来なかったため泣いて迎《むか》えたほどです。そのため、アクションを起こそうと思うことは私にとって不思議なことでも特別なことでもありませんでした。

また、セヴァンさんのスピーチを読んだ頃とは状況が変わっており、私の手元には文明の利器であるiPadがありました。そこで私はさっそく、現在私が参加している運動であるFridays For Future（以下FFF／グレタさんのストライキによって世界中に広まった運動）のホームページからオーガナイザー（運動をより大きくするためにメインで動く人）になりたいとのメッセージを送信しました。

その後、私はFFFに入りました。部活動を引退し、高校受験のための勉強をしなければならなかったことは、入った後に思い出しましたが（幸いなことに希望通りの高校に進学できました）、その当時はあまり気にせず、運動に加わることができたことをとても嬉《うれ》しく感じました。そして、自分の未来のためにアクションを起こそうと、やる気に満ち溢《あふ》れていました。

気候危機に立ち向かう運動に加わっている人々は素敵で魅力的《みりよくてき》な人ばかりです。とても優《やさ》しく気候危機を解決することに情熱的です。気候危機なんていうものは存在しなければよかったと思いますし、運動の中では泣きたくなること、苦しいこともたくさんありますが、それでもFFFの人たちや環境アクティビストの方、NGOの方々に出会えたことは私にとって、本当に幸せなことでした。

アクションを起こすもう1つの理由

また、彼《かれ》らはたくさんのことを教えてくれました。私は自分の未来のために声を上げようと思いFFFに入りましたが、それが特権的な考えだということも教えてくれました。私は現在、ほとんど何不自由なく暮らしています。毎日学校に行くことができ、食べるものと寝《ね》る場所の心配をすることもなく、気候変動への具体的な対策を求めて政府に声を上げることもできます。

しかし、世界はそんな人ばかりではありません。気候危機は今、この瞬間《しゅんかん》も人々や動物、植物に影響を及ぼしています。仮に私にとって、未来の問題だったとしても、彼らにとっては間違《まちが》いなく現在の問題です。

さらに、私は声を上げることができますが、声を上げたら弾圧《だんあつ》され命の危険がある人、生活に余裕《よゆう》がないため、気候変動に目を向けることができない人もいます。恥《は》ずかしいことに私はそれらのことをまったく知りませんでした。

また、日本政府はバングラデシュに日本では規制されている低レベルの石炭火力発電所を輸出し、その発電所を設置するために、住む場所や職を失った人、工事の影響で命を失った人がいることも知りました。この事実を知ったとき、私は自分の未来がなくなると知ったときより大きな衝撃《しょうげき》を受け、日本という先進国で自分が生きていることを罪深く感じたことを覚えています。

自分の国、自分の豊かな生活のせいで他国の人たちが苦しんでいること、亡《な》くなっていることをまったく知らずぬくぬくと生きてきた自分をひどく醜《みにく》いものに感じました。これ以降、私は自分の未来がなくなることに加え、豊かな生活を送っている先進国に住んでいる人間としての償《つぐな》い（うまく言葉がみつけられません）という思いを持って活動しています。自分が間接的に人殺しに関わっていることを忘れたことはありません。この事実から目を背《そむ》ける選択《せんたく》は私にとって、この世界から目を背け、この世界で生きることを放棄《ほうき》することを意味しました。

冒頭《ぼうとう》でふれたストライキの決意はこういった思いからです。ストライキぐらいできなければならない、自分が加害者である世界での生き方を決めなければいけないと私は感じていました。もちろん、私個人の話なのでそれが正解だとも思いません。ただ、あのときの私にとって自分の決意の強さを表す方法はストライキでした。

声を上げ続けること

これを書いている今、スクールストライキをしてから1年以上が経《た》ちました。現在は、40パーセントほど演劇部の活動のために高校に行き（演劇にはドラッグのような中毒性があります。ドラッグ、やったことはありませんが）、気候危機を解決するために運動の形を模索《もさく》し続けています。さて、そんな生活の中、2か月ほど前、私はハンガーストライキ*4を行いました。ハンガーストライキという手段はど田舎に住む高校生の私ができることの中で最も強い想《おも》いが伝わりそうだと思ったため、選択しました。

具体的には札幌《さっぽろ》で開かれた環境大臣会合に合わせて、丸4日間を水と塩のみで生活する（体に力が入らなくなって、階段を登るのもきつくなりました。発声練習もできなかったです。食べるって大事）というものです。

しかし、日本政府に向けて行なった、他のG7諸国が前向きであった石炭火力発電の全廃止《はいし》時期の明言の実行を求めて行った今回のストライキの結果はとても残念なものです。採択された文章に石炭火力発電の全廃止の時期が記されることはありませんでした。この環境大臣会合、そしてその後のG7広島サミットの結果からわかるように、状況は刻一刻と深刻になっています。

ハンガーストライキを実施した際の写真

気候変動だけでなく、戦争や貧困《ひんこん》格差、軽《かろ》んじられる人権の問題など、比喩《ひゆ》なしに地球にいることをやめたくなるほどたくさんの深刻な問題があり、中には二度と取り返しがつかなくなりそうなものもあります。朝にチラッとみる新聞の一面が心躍《おど》るニュースだったことはしばらくないように思いますし、夜寝る前には社会の状況がどこまでも絶望的に思え、何も考えないようにしながら、目を固く閉じることはよくあることです。「希望」という言葉を簡単に口にすることはなくなりました。

また、現在の状況に加え、あなたや私が社会を変えたいと思って1人で上げる声の大きさはほとんどの場合とても小さいです。あまりの小ささに、声を上げることをやめたくなるほどです。さらに声を上げることはとても大変です。特に日本では声を上げる人に対して風当たりが強いことがあります。普通《ふつう》に生活していても、政治の話をしたとたん急に宇宙人を見るような目で見られたり、「意識高いね〜」と揶揄《やゆ》されたりしがちです。しかし、私はまだ、声を上げることを止《や》めてはいません。気候変動はまだ、止めることができます。解決策もわかっています。そして、日本も含《ふく》めた、世界中で声を上げ続けている人がいます。

何度も書いた通り、1年と少し前、私は北海道の田舎で1人、スクールストライキを行い、先々月には同じ北海道で少なくとも3人の方とストライキをしています。SNS上でハンガーストライキに参加する連帯の意をシェアしてくださった方はもっとたくさんいました。声を上げ続けていたことは、ハンガーストライキに参加してくださった方の人数が、スクールストライキのときの人数の10倍以上（1って本当に便利な数）になることに繋《つな》がったのです。

中学生の頃は友人関係が壊れることを恐れ、なかなか気候危機のことについて友人に話せませんでしたが、今は、一緒《いっしょ》にアクションに参加してくれたり、応援《おうえん》してくれたりする友人もいます（怖気《おじけ》付きながらお話ししているので、人数は多くはありません。4倍くらい！）。

1人で小さい声を上げることを選び、続けることはその声を2人分にできる可能性を生み出します。私たちは1人ではなく、2人で、10人で、１００人で声を上げることによって、その行動を意味のあるものにすることができます。

また、運動に参加するだけでなく、署名だったり、スタンディングだったり、SNSで関連のあるニュースをシェアしたり、買い物をするときに意識したり、友だちとちょっとだけ社会問題について話してみたり、食事の仕方を変えたり、選挙に行ってみたりと、声の上げ方はたくさんあります。

何度も書きますが、今回書かせていただいたことは必ずしも正解だとは思いません。ただ1つだけ確信していることがあるとすれば、社会を変えるということには、声を上げ、その声を強いものにしていくことが絶対に必要だということです。ですから、声を上げる人々が増えれば、あなたがもし声を上げることを選んだら、私はそのことをとても心強く思います。希望は見つけにくい現状ですが、数々の研究と論文、議論、署名の数、そして、声を上げ闘《たたか》う人の存在に、それはまだ、見出《みいだ》すことができます。

＊1 ストライキ：働く人や学生がその要求を達成するために、仕事や授業を放棄することで圧力をかけること。

＊2 JICA：独立行政法人国際協力機構。開発途上国への支援を担う政府機関。

＊3 グレタ・トゥーンベリ：2003年ストックホルム生まれ。15際の時に「より強い気候変動対策」をスウェーデン議会の前で呼びかけ注目を集めた。

＊4 ハンガーストライキ：抗議や要求達成のために断食すること。ハンストとも。

気候危機・化石燃料融資会社への抗議

Big Polluters（大規模汚染《おせん》者）、日本企業《きぎょう》との闘い

足立心愛（あだち・ここあ）

2005年、愛知県生まれ。気候正義を求める気候・人権活動家。Fridays For Future Japan・Tokyo・Nagoya のオーガナイザー。同世代の活動家をきっかけに気候変動に危機感を抱《いだ》き活動を始める。フィジーへの環境保護留学、COP27参加などを経て、現在は様々なアクティビズムを追求。

気候変動に興味を持ったきっかけ

私が気候変動に興味を持ったのは、グレタ・トゥーンベリさんの活動をテレビのニュースで見たときです。私は当時、テストで良い成績を収めることが最も重要だと考えていたため、学校を休むという行為《こうい》に驚きました。彼女《かのじょ》が学校を欠席してまで訴える気候変動について調べると、私

たちの未来が破壊《はかい》されていることを知り、危機感を覚えました。これが、私が活動を始めた理由です。

初めは個人ができることに挑戦《ちょうせん》しようと考え、食べる肉の量を減らしたり、ゴミを削減《さくげん》したりしました。しかし続けているうちに、本当にこれだけで気候変動は解決するのかという疑問が湧《わ》いてきました。解決には、気候変動の原因に迫《せま》る新しい何かが必要だと感じたのです。

「新しい何か」の発見

私は2つの活動の転換期《てんかんき》を通してその「新しい何か」を見つけました。それは「MAPAの活動家との連帯による、大規模汚染者、日本企業との闘い」です（MAPA：これまで温室効果ガスを最も排出《はいしゅつ》してきていないのにもかかわらず、気候変動の影響を最も受ける地域やそこに住む人々）。まずは、2つの活動の転換期について話したいと思います。

1つ目は、2022年3月、名古屋の河村たかし市長に「ゼロカーボンシティ表明（2050年までに二酸化炭素の排出量を実質ゼロにする表明）を出して欲しい」と依頼《いらい》しに行ったときです。お願いをすると、市長には「トヨタがあるからゼロカーボンシティ表明はできない」と言われてしまいました。本来、企業の環境破壊を規制するべき行政が、企業に配慮《はいりょ》し人命よりも利益を優先する姿を見て、私は行政ではなく企業をターゲットにする必要があると考えました。

2つ目は、2022年の夏休みにフィジーへ留学したときです。現地の人々にインタビューすると、「30年で200メートルも海岸が近づいた。沿岸に石を積んでも効果がない」と話してくれました。実際に話を聞くことで、気候変動が生活や命に関わる問題であり、いち早く止めなければいけないことを痛感しました。また、フィジーのような、これまで温室効果ガスを排出してきていないグローバル・サウス[*1]の国々が気候変動の影響を真っ先に受けてしまうのは不公正だと感じました。留学前は、世界全体で協力して温室効果ガス排出量を削減すべきだと考えていましたが、この「気候不正義」の構図を見て、グローバル・ノース[*2]は積極的に排出量を削減すると共に、過去の排出によるグローバル・サウスへの損害に対して賠償《ばいしょう》するべきだと考えるようになりました。

2つの活動の転換期を経て、今では、MAPAと共に企業に対する運動を行い、気候不正義をなくした先にこそ、気候変動の解決があるのだと考えています。

エジプトで開催《かいさい》されたCOP27へ

フィジー留学で聞いた現地住民の声をインスタグラムで発信すると、「自分にも何かできることがないか」といったメッセージが寄せられるなど、大きな反響がありました。そこで、MAPAの声をさらに発信したいと考え、世界中から政府や企業、MAPAを含む活動家たちが集まるCOP27への参加を決めました。

COP27とは、2022年11月6日から20日（当初の予定から2日間延長）にかけて、エジプトのシャルム・エル・シェイクで開催された気候変動の国際会議です。私はFridays For Future Japanの有志メンバーとして参加しました。学校はありましたが、公認《こうにん》欠席が認められ、行くことができました。

知られていないCOPの実態

エジプトで行われたCOP27にて

会場に到着《とうちゃく》してまず実感したのは、これまでのCOPとは状況がまったく違うということでした。COP26（イギリス・グラスゴー）では、会場外を埋《う》め尽《つ》くしデモを行う活動家たちの姿がニュースでも報道されていました。しかし、COP27の会場外での抗議デモは事実上禁止され、会場内での許可されたデモでも特定の国や企業を批判しないよう事前に注意書きが配られました。エジプトでは6万人の活動家、ジャーナリスト、市民が監獄《かんごく》にいると言われていることからもわかるように、運動が厳しく弾圧されているのです。

COP27の会場内には、交渉《こうしょう》が行われる会議場や、各国の「気候変動対策」が展示されているパビリオンがありました。そこで改めて感じたのは、COP自体は、気候変動対策においてまったく不十分だということです。会議場では長々と合意文書の作成のための交渉が行われていました。一文一文を順番に検討していき、一国でも反対すれば文書からは削除されるという流れです。また各国の展示があるパビリオンでは、実態を伴《ともな》わないのに、環境に配慮しているように見せかける、グリーンウォッシュが横行していました。

このように弾圧があり、COP27での交渉には任せていられない中でも、私たちは活動を繰り広げました。COP27に行ったと聞くと、会議で交渉をしたと考える人が大半かもしれません。しかし、私が行ったのは「MAPAの活動家との連帯による、大規模汚染者・日本企業との闘い」です。

気候変動における日本と日本企業

日本はCOP27で化石賞を取りました。化石賞というのは、気候変動対策において足を引っ張っている国に贈《おく》られる不名誉《ふめいよ》な賞です。日本の受賞理由は、石油・ガス・石炭事業への公的な融資《ゆうし》額が世界最大だからです。

日本企業が関与《かんよ》している化石燃料事業の例として、EACOP（東アフリカ原油パイプライン）があります。これはウガンダとタンザニアを結ぶもので、建設されれば人類史上最長の加熱式パイプラインになります。CO2が年間3430万トン排出され気候変動を加速させるだけでなく、約12万人の土地に影響を及ぼすと言われています。すでに数千世帯が強制移住させられており、住民の生活を脅かしている喫緊《きっきん》の問題です。この事業は現在資金調達をしている段階で、融資を防ぐことが、環境や人々を守る上で重要な鍵《かぎ》となります。

COP27での私たちのアクション

11月9日、太陽が照りつける中、私は世界の活動家たちと会場内で抗議デモを行い、「化石燃料に融資をするな」と声を上げました。このデモでは日本の紙幣《しへい》を模したバナーが掲《かか》げられ、日本の化石燃料融資に対する批判が示されました。

一方、会場内の日本の展示をしているブースでは、三菱《みつびし》UFJ銀行によるイベントが行われていました。世界の大手24銀行がEACOPへの不参加を表明している中、三菱UFJ銀行は未《いま》だ事業への不参加を表明していませんでした。そこで、ウガンダやタンザニアの活動家たちと「なぜEACOPに融資しないと表明しないのか」と質問しに行きました。

すると、三菱UFJファイナンシャルグループのグローバル・アドバイザーは「私はCEOじゃないので私たち（三菱UFJファイナンシャルグループ）が何をやっているか知りません。今時間がないのでまた今度プロジェクトに関して教えてください」と言って立ち去りました。

私はこの対応に怒りが込《こ》み上げてきました。EACOPはウガンダやタンザニアの人々の生活に関わり今すぐ解決しなければいけない問題なのに、忙《いそが》しいと言ってその場を去ったのです。このような企業の姿勢によって人々の生活が壊されていくのです。

気候危機は、よく「皆《みんな》が被害者《ひがいしゃ》で皆が加害者だから一緒に解決していこう」と語られます。しかし、実際は、日本などのグローバル・ノースの企業が加害者となり、MAPAの人たちが被害を受けてしまうという対立構造があるのです。だからこそ、私たちは企業と闘う必要があります。

加えて、このアクションでは、MAPAの活動家たちと関係を築くことができました。COP27で共に声を上げたことで、これからも連帯していける関係を作ることができたのです。

COP27後の運動と成果

私たちは、COP27終了《しゅうりょう》後も、世界19都市でのStopEACOP一斉《いっせい》アクションなどを継続《けいぞく》して行いました。その結果、三菱UFJ銀行を含む、日本の3メガバンクすべてがEACOPへの支援を否定しました。これは、私たち1人ひとりが声を上げたからこそ実現したものであり、運動がもたらした成果だと言えます。

私たちはなぜ企業と「闘う」のか

皆《みな》さんの中には、なぜ交渉やお願いではなく「闘い」を行うのか疑問に思う方もいるかもしれません。その理由は、これまで多くの交渉やお願いをしてきたのにもかかわらず、企業は変わらなかったからです。

今までCOPでは政治家たちが交渉を繰り返しているのにもかかわらず、化石燃料の廃止にも至っていません。また、名古屋市長にお願いした際に断られたように、いくら私たちが「命や生活を奪《うば》わないで欲しい」と交渉やお願いをしても、短期的な利益に反することはしてもらえないことも多々あります。さらに、私たちが企業にお願いをすれば、企業は「若者の声を聞きました」とアピールの材料に使い、どんなに環境破壊をしていても良い企業に見えてしまいます。これは、真に効果のある気候変動対策を遅らせることに繋がってしまいます。だからこそ、私たちは気候変動を解決するために日本企業と闘っていく必要があるのです。

真の豊かさを実現させるために

現在気候変動が深刻化している理由は、経済成長のために化石燃料を燃やし、大量生産・大量消費を行っているからでしょう。これは一時的には、特定の地域（＝グローバル・ノース）において生活を良くしたかもしれませんが、決して持続可能ではありません。果たして経済成長すれば生活は豊かになるでしょうか。私はそうは思いません。今の時代は、経済成長することが、生活が改善されることと同義ではないと思います。豊かさとは何かを考え直すべきです。

持続可能で暮らしやすい、豊かな生活を実現させるためには、現在の持続不可能なシステムを変えるために声を上げる必要があります。COP27で出会ったフィリピンの活動家たちは、気候不正義をもたらす企業に依存しないコミュニティを築くという、とても先進的な活動をしています。今まさにグローバル・サウスが気候変動運動の最先端《さいせんたん》を走っており、私たちもそこに学ぶことは多いでしょう。

いきなりシステムを変換することは難しいかもしれませんが、少しずつなら変えられます。その1つの方法として、気候マーチに参加し、化石燃料事業に反対の声を上げることがあげられるでしょう。ただしここで気をつけなければいけないのは、具体的な何かを訴えることです。「企業が悪い」と一般論《いっぱんろん》を言っても企業は痛くも痒《かゆ》くもありません。「この企業の、この化石燃料事業がいけないんだ」と指摘《してき》して、初めて彼らは「しまった」と思うわけです。中には抗議することに怖《こわ》いイメージを持つ方もいるかもしれません。しかし参加した方は、「楽しかった」「皆で一緒に声をあげたから一体感があって力が出た」などと話してくれます。

私たちの運動が世界を変える

COP27で活動する中で感じたのは、弾圧がいかに厳しいかです。エジプトに限らず、グローバル・サウスの国々では、環境活動家の逮捕《たいほ》・殺害が起きています。しかしその中でも彼らは声を上げています。命を懸《か》けてでも闘わなければいけないほど、深刻な状況なのです。

EACOPだけでなく、世界には環境破壊や人権侵害を引き起こしている化石燃料事業が数多く存在しています。そして、その中には、日本企業がかかわっているものも少なくありません。気候不正義をなくすために、日本にいる私たちも声を上げないわけにはいきません。

企業は国境を超《こ》えて人権侵害や環境破壊事業を行っています。これを止めるためには世界の活動家との連携《れんけい》が必要不可欠です。そこで今後は、COP27で繋がった世界の活動家たちと連帯して活動を展開していきます。

今この本を読んでいるあなたも、ぜひ一緒に声を上げてみませんか。

最後に、COP27で印象に残っている、フィリピンの活動家の言葉を紹介《しょうかい》したいと思います。

「真のリーダーシップとはCOPの会議場内で行われている交渉ではなく、この路上で行われているアクションだ」

この世界を変えていくのは、他ならぬ私たちの運動なのです。ぜひ一緒にBig Polluters と闘いましょう。

＊1 グローバル・サウス：アフリカや南アメリカなど、主に南半球に位置する途上国・新興国の総称。

＊2 グローバル・ノース：北アメリカやヨーロッパ、日本など、主に北半球に位置していて、経済的な発展を遂げている先進国の総称。北半球と南半球のあいだの経済格差を「南北問題」という。

気候危機の「解決」を模索しながら声を上げる

山本大貴（やまもと・だいき）

2003年、東京都生まれ、慶應義塾大学総合政策学部在籍《ざいせき》。2020年からFridays For Future Tokyoで活動し、2022年に気候危機を記憶する発信型ムーブメント「record 1.5」を立ち上げ、代表を務める。他に国政への政策提言や講演活動なども行う。

化石燃料を燃やし続けている私たち

「No more empty promises」……空虚《くうきょ》な約束ではなく、今すぐ行動を。

２０２２年11月、エジプトでＣＯＰ27が開催された。ＣＯＰとは、大気中の温室効果ガスの濃《のう》度《ど》の安定化を目的として約30年前に締結《ていけつ》された、国連気候変動枠組《わくぐみ》条約の締約国会議のこと。二週間の会期中、私は会議場の周りで行われる市民アクションに焦点《しょうてん》を当て、そこに集《つど》った人々の姿を映し出すドキュメンタリーフィルム『COP27ドキュメンタリー 気候危機が叫ぶ Recording The People Voice』を制作した。COP27では多様な人々が声を上げていたが、そうした現場のリアルな空気感が国で共有されることは少ないだろう。

産業革命以降、地球の平均気温は上昇《じょうしょう》を続けている。同時に、深刻化する気候危機を前にしながら、人類はまだ化石燃料を燃やし続けている。なぜ汚染を止めることができないのか。ここでは、気候変動対策の専門的な解説をするのではなく、私が声を上げる中で生まれた「問い」の一部を記録しようと思う。

映画『気候危機が叫ぶ』上映会にて

未来を奪う気候危機

2003年、東京都調布市生まれ。近所の公立の小中学校に通い、受験をして都内の高校に入学。小さい頃から自然科学の分野が好きで、宇宙物理学者になるのが夢だった。

高校入学の秋、台風19号（令和元年東日本台風）の災害ボランティアへの参加を思い立ち、栃木県佐野市に赴《おもむ》いた。毎年必ずと言っていいほど発生する大雨災害。ボランティアに行くことで、何か自分も貢献《こうけん》できるのではないかと考えて向かった。しかし現実には、テレビや新聞では伝わってこない災害現場のリアルに直面し、言葉にならない何かが自分の中に芽生えたことを覚えている。

２０２０年3月、高校1年の終わり、新型コロナウイルスの緊急事態宣言に伴う休校で、オンラインでのコミュニケーションが活発化した。友人が参加していたＳＤＧｓに関するサークルに参加し勉強会や外部のウェビナーでインプットを重ねる中で、気候危機の実態を知る。当時まだ立ち上がって1年ほどだった「Fridays For Future」（以下、ＦＦＦ）という若者中心の気候ムーブメントが主催していたウェビナーへの参加をきっかけに、とにかく自分もなにかしなければならないと思い、すぐに活動に参加した。

その後、ＦＦＦだけではなくさまざまなグループで、署名キャンペーンや国政へのロビー活動、[1]学校ストライキ、スタンディング、[2]地元の自治体に対して２０５０年ゼロカーボンシティ宣言を求める陳情書《ちんじょうしょ》[3]提出、気候危機の啓発《けいはつ》のための音楽ライブイベントの企画、再生可能エネルギー・省エネルギーのワークショップなど、あらゆる手段を尽くした。未来に希望を感じられなければ、何のために学校にきているのかもわからない。私だけでなく、これから生まれてくる人々の未来さえも奪う気候危機に恐怖し、必死に声を上げ続けた。

気候危機は構造的な問題

気候危機は、国境を超えたグラデーションな人権危機だと私は捉えている。何十年というスパンで徐々《じょじょ》に被害が拡大する意味では世代間不平等の問題であり、より多くの温室効果ガスを排出する富裕層と、ほとんど排出責任がないにもかかわらずより大きな被害を受けることになる貧困層の間の不平等、つまり人権の問題でもある。経済的な格差だけではなく、社会的弱者がより大きな不利益を被《こうむ》る意味では、ジェンダー差別や人種差別など、他の問題と深く関連している側面もある。一方で加害者と被害者には明確な境界線が存在せず、構造を捉えにくいグラデーションな問題でもある。

気候危機における不平等の是正《ぜせい》を目指す概念《がいねん》は、「Climate Justice（気候正義）」と表現されることが多い。私たちは、構造的な暴力に目を向け、最も抑圧《よくあつ》を受ける人々の声に耳を傾《かたむ》けることで、ようやくこの問題のスタートラインに立つことができるのではないだろうか。

国際的な目標としては地球の平均気温の上昇を１・５度までに抑《おさ》えることを目指す対策が重要とされている。１・５度に整合する対策が急務と言える。また、温度上昇が進むことによって地球上ではさまざまな原因でティッピングポイント（臨界点）を超えてしまい、温度上昇に歯止めがかからなくなる可能性も指摘されている。

日本では２０５０年カーボンニュートラル[*4]やＳＤＧｓの文脈の中で環境意識が高まっており、対策は進んでいるとの評価もある一方、世界５位のＣＯ２排出大国であるにもかかわらず、他の先進諸国などと比較《ひかく》すると、日本は排出削減に消極的だと言わざるを得ない。例えば、２０２４年のＧ７では、２０３０年代前半を目途にＣＯ２排出削減対策が講じられていない石炭火力発電を段階的に廃止することが合意されたが、これまで石炭廃止について日本政府は後ろ向きな姿勢をとり続けてきた。石炭火力発電はＬＮＧに比べて約2倍のＣＯ2を排出するため、国際社会では廃止を求める声が多く、イギリスでは2024年9月30日に石炭火力発電の全廃を達成するなど、脱石炭は「将来の話」ではなくなってきている。一方の日本政府はアンモニアの混焼等の「新技術」による対策を掲げているが、排出削減効果、コスト、実現可能性のいずれの観点からも課題が多く、石炭火力の延命に他ならないという指摘がある。この数年で急速に排出削減できなければ、平均気温上昇は1・5度どころか2度や3度に達してしまう可能性がある中、歴史的に多くの温室効果ガスを排出してきた日本は排出削減に重い責任があり、こうした姿勢を市民社会は非難し続けている。日本の気候変動対策は急速に前進していると評価する情報が近年増えているように感じるが、現実には目標に向けて課題が山積である。むしろ脱炭素へ反発する動きもあり、差し迫る危機と社会の空気感の間には大きな温度差があるのだ。

気候変動対策について考えようとすると、気候科学にしてもエネルギー政策にしても、議論の前提としてある程度専門的な知識やリテラシーが必要になるという特徴《とくちょう》もある。

私が活動を始めるきっかけとなったＦＦＦのウェビナーでは、そうした知識の導入部分の解説があり、知らないことばかりだという印象を受けた記憶がある。

日々変わりゆく社会で気候危機に向き合い続けるには体力がいる。声を上げること自体が自分を削《けず》る上に、どんなアクションを起こせばいいのか頭を悩《なや》ませ続ける中で、アクティビズムについてさまざまな気づきや問いが生まれた。

目指すべき社会とは

気候変動問題は、経済活動による豊かさと温暖化によるマイナス面のトレード・オフの問題であり、どちらかを取ればどちらかを失う問題であるかのような認識が広がっているのではないだろうか。これはピントがズレた捉え方だと私は考えている。化石燃料こそが安く安定的に経済活動を支えることができるという考えは今や覆《くつがえ》されつつあり、再生可能エネルギー（以下、再エネ）への転換やそれに伴うシステムチェンジこそが環境も経済も両立する解決策であることがわかってきている。近年、世界では再エネのコストは急速に低下しており、再エネへの投資が進めば化石燃料に依存しないエネルギー供給が可能であることは、さまざまな研究機関や環境NGOの提言によって示唆《しさ》されている。

化石燃料企業は、脱炭素の潮流に対して表面上では賛成の意思を示していても、急速な脱炭素は経済への負担が大きいと説明し、慎重さを強調することが多い。しかし日本は多くの化石燃料を輸入に頼っており、その輸入額は価格高騰や円安の影響もあり2022年には約34兆円にも膨れ上がっている。これからも化石燃料を使うために資金を投じ続けることこそ、経済への大きな負担になる。化石燃料への依存からの脱却、再エネが主役のエネルギー政策への転換が急務だ。

また、「削減至上主義」とも呼ぶべき、とにかく脱炭素すれば良い、という態度には警鐘《けいしょう》を鳴らす必要がある。そもそも脱炭素の動き自体、遅くて不十分ではあるが、単に気候危機が最小化されるだけでなく他の環境問題や人権問題も最小化された世界を目指す上で、再エネによる乱開発や都市部の大企業が開発を主導することによる地方との格差拡大は是認《ぜにん》できない。再エネの場合、鍵になるのは地産地消であり、各地域が主体となりエネルギーを作って各地域が使う仕組みを目指すことが理想である。誰《だれ》一人取り残さないようにしながら、急ピッチで再生可能エネルギーの導入や省エネルギーを進めていくほかない。

こうした考え方とは別に、経済成長を前提とする考え方からの脱却、脱成長こそが必要という議論もあり、とても大事な問題提起である。それはしばしば、環境への投資により雇用《こよう》創出や景気刺激《しげき》を生み出し環境負担の軽減も目指す「グリーン・ニューディール」と対立する考えとして認識されることがあるが、対立構造で捉えるのは正確でないと考えている。大量生産・大量消費を前提とする無限の経済成長への信仰《しんこう》から脱却することと、環境負荷《ふか》のないインフラ整備として再エネを地域の共有財産として普及させていくことは、同時に模索する必要があるのではないだろうか。脱成長を進める上では、頭ごなしに再エネを悪と考えてはならず、グリーン・ニューディールを進める上では、削減至上主義になってはいけない。

COP27で叫ばれていた言葉として、「新植民地主義」を紹介する。今も化石燃料の採掘《さいくつ》などの開発によって土地を占領《せんりよう》し汚染した上で、気候危機の被害を押《お》し付ける形で、私たちが彼らを今も「侵略」し続けている構造を訴えるもの、と私は捉えている。「地球を守る」のではなく、こうした構造を認識したところで、私たちは初めて問題提起のスタートラインに立つことができるのだと思う。市民運動を展開する上で、誰が誰を抑圧している問題なのかがわかれば、自《おの》ずと私たちがこの問題のどこにいるのかがわかり、取るべきアクションの手がかりが見えてくる。

戦略の試行錯誤《さくご》

次に、市民運動における戦略について考える。いかに効果的なアクションをするかという議論は、キャンペーナーたちの常日頃の主要なテーマだ。運動の効果的な広げ方や戦略の立て方の枠組みにはさまざまな知見があるが、具体的な手法やメッセージを考えるのはもちろんそれぞれの運動当事者である。

例えば、より多くの層にメッセージを届けるために敷居《しきい》の低さを重視するのか、大きな変化を求めるためにラディカルで強い姿勢でいくのか、という論点がしばしば議論中には登場する。どちらも必要な要素であり、運動が役割分担をしてそれぞれでアクションが展開されることが望ましいのかもしれないが、同時に、どちらの場合も問題の再生産になってしまってはいけない。

敷居の低さを重視することが行き過ぎて、本来は変えたいと思っている相手である社会の多数派の「現状維持《いじ》」の論理に取り込まれてしまえば、パフォーマンスで終わってしまい、問題提起をしているとは言えない。逆に、極端な戦略が行き過ぎて、暴力的で排他的な運動になってしまえば、気候危機を解決する、という目的から離《はな》れた暴走になりかねない。あくまでも目的は、苦しめられている人々の声が届き、社会が変わっていくことであり、大きな運動をつくることそのものが大事なのではない。人々の倫理観《りんりかん》に訴えるメッセージが何より重要だ。

ただ一点、忘れてはいけないのが、運動の戦略について当事者ではない第三者が評価することは、とても残酷《ざんこく》な行為である点だ。その社会において「過激」だと批判されるアクションがあったとき、彼らが強硬《きょうこう》手段に出なければいけなくなった背景や当事者の苦しみに社会は目を向ける必要があるとも言えるのである。

また、自分がどのような当事者性をもって運動に携《たずさ》わるかが重要になってくるのではないだろうか。当初、私は「なぜこんな惨状《さんじょう》を誰も知らないのか。解決策があるのにもかかわらずなぜ実行されないのか」という「若者としての憤《いきどお》り」が大きかった。現在はその憤りに加えて、自分自身の特権性からこの危機と向き合っている部分も大きい。

日本という先進国に生まれ、東京で不自由の少ない暮らしをしている、シス男性[*6]の、私。特権を持っているからこそ、「社会が変わることができない原因」を作っているかもしれない人間の1人として、責任を果たすために向き合っているのである。

誰しもがそうであるように、究極的には自分のために自分という人間は生きている。つまり、どれだけ大義名分のために行動を起こそうとも、それが何らかの形で自己実現の一部であることを完全に否定することはできない。このことを認識せずに社会課題に対して自分が「客観的」に向き合おうとするのは特権的[*7]である。

もしアクションを企画する際、都市部に住むシスジェンダーの男性ばかりが中心になり、より能力の高い者が指揮をとるような組織ではなにが起きるだろうか。いかに賢《かしこ》く戦略的であったとしても、気付かぬうちにその組織自体が特権構造の悪い側面を抱《かか》えてしまい、ムーブメントとしての在り方に疑問が生まれる。私たちが相手にしているのは、そうした特権的構造の中で生まれた社会課題なのに、いつの間にか自分たちがその構造を再生産するということが起きるのである。

ここには、大変もどかしいジレンマがある。配慮深く自分に対して厳しく繊細《せんさい》な人ほど、アクションを続ける精神的コストが大きかったり、無責任に積極的な発言はできないと考えたりする。一方で、良くも悪くも鈍感《どんかん》な人は、呼ばれるメディアにはどんどん出演したり、物事を断定調で語ったりする「強いオピニオンリーダー」になりやすいという構造があると私は考えている。ある種の淘汰《とうた》が起きてしまうのである。

前に出過ぎるということは、その人の意見がムーブメント全体の意見をあたかも代表するかのように取り上げられるリスクを背負うことでもある。本書の執筆《しっぴつ》にあたっても、執筆に推薦《すいせん》された私を含む少数の人間だけでアクティビストとは何かを定義してしまうことはいかがなものか、という問題点は指摘しておきたい。

もちろん、素晴《すば》らしいオピニオンリーダーはたくさんいるし、彼らの発言には社会を変える力がある。しかし構造として、繊細な問題提起よりも、勝ち残って単純化された主張ばかりが目立ち、当事者の総意かのように受け取られてしまうという問題もあるのではないかとも思う。運動を外から見ているとあまりわからない問題だからこそ、根深く、深刻な問題に発展することもある。運動内部でのハラスメントや、権力勾配《こうばい》にも注意深くありたい。

不正義の被害を受ける人々に対して自分自身が負っている加害者性、すなわち責任をどのようにして果たすべきか。自分が受ける被害、社会から受ける抑圧を真っ直《す》ぐに訴え、声を届けるためにどうするべきか。こうした軸《じく》でアクティビズムを考えることが、当たり前でありながら、難しいのである。

気候危機はすでに過去と現在の問題

このような問いは、活動を始めて2年ほどで持つようになっていたと思う。また、その頃から気候ムーブメントについてマスメディアが消費的な報道ばかりすることへの疑問が強くなっていた。発言のほんの一部を切り取ることにモヤモヤを感じ、もっとリアルな気候ムーブメントの姿を映し出す必要性にかられ、自らメディア型のプロジェクトを立ち上げることにした。

私と近い危機感をもっていたFFF時代の仲間と共に2022年の夏頃にプロジェクトを立ち上げ、第1弾の企画として、COP27での市民アクションを取材先に選んだ。それまでのCOPに関する日本国内の報道は交渉内容がベースで、その周りで声を上げる市民の姿をあまり映していないと感じ、私たちが記録する必要があると思ったのだ。帰国後の制作の際も、記録なので、なるべくありのままを共有したいと考え、映像をあまりトリミングしすぎない編集を心がけた。

現地でカメラを向ける中で、私は自らの日本人としての圧倒的《あっとうてき》な加害者性を突《つ》きつけられた場面が多かった。

家を洪水《こうずい》災害によって流され肉親を亡くしたり、生活が破壊されている人々。彼らは、気候危機を「持続可能性」のような言葉では語らない。未来の問題である前に、すでにたくさんの被害が生じているという意味で、「過去と現在の問題」であるからだ。私は、先進国に住むアクティビストとして、1人の市民として、「連帯」の在り方についてやはり自問自答しなければならないのだと再認識することになった。特権を持っているからこそ社会に働きかける責任を私は負っている。

最も抑圧を受ける者の声を

私たちは、最も抑圧を受ける者の声なき声が全ての原点にあることを忘れてはならない。気候危機はすでに社会における脆弱《ぜいじゃく》な人々の命や人権を脅《おびや》かしてきた。今後も温度上昇が進んでいけば、最大の被害者は若い世代、これから生まれてくる世代である。

ヒーローが現れて正義が実現されるのではなく、気候危機を前に、1人ひとりが自分自身と、そして社会と向き合い、声を上げ続け、声を聞き続け、変わろうとし続けることこそが希望だ。誰か1人が、問いと向き合いながらも声を上げようとした瞬間に、すでに社会は少し変化している。

＊1 ロビー活動：企業や団体、個人が政府や政治家に対し、政策決定などを求めて働きかけること。ロビイングとも。

＊2 スタンディング：一か所に立ち続けて行う抗議活動のこと。

＊3 陳情書：自治体に意見や要望のある市民が議会へ提出する書類のこと。議員の紹介があるものは請願書という。

＊4 カーボンニュートラル：2050年までに温室効果ガスの排出を実質ゼロにすること。

＊5 トレード・オフ：両立できない関係性のこと。

＊6 シス：シスジェンダーの略。自分が生まれた時に与えられた性別と同じ性別として自分を認識している人のこと。

＊7 特権：ある立場の人だけがもっている権利のこと。

ヴィーガン給食導入

私の闘い
アトピーの克服《こくふく》と新しい出会い、発見

Green Akari（ぐりーん・あかり）

2010年東京都生まれ。環境活動家、ヴィーガン。Fridays For Future Tokyo や U2-4 琉《りゅう》球《きゅう》に所属。11歳の時にForbes JAPAN U15に選ばれた。アトピーをきっかけに始めた菜食の様子をインスタグラムで発信中。

ヴィーガンへのきっかけ

小学4年生の秋。

私は生まれた時からアトピーでした。このアトピーは一生治らないと思っていました。ある日お母さんが『9割の医者が知らない正しいアトピーの治し方』という本を見つけてくれたんです。

そこには次のように書いてありました。「アトピーにはお肉や動物性のものを食べない方がいい」と。

その本を読んでから動物性のものを食べなくなり、アトピーも徐々に良くなっていきました。私はこのことをアトピーで苦しんでいる人にもっと知ってほしい！ という思いでインスタグラムを始めたのです。インスタグラムを使ってさらに菜食のことを調べていくと、私自身にたくさんの新しい出会いや発見がありました。

菜食をスタートし始めた頃は食べることのできるチョイスがあまりなく、朝、昼、夜のご飯が野菜と豆類だけでした。それからお母さんがいろいろ調べてくれて大豆ミートや代替《だいたい》食品に出会いました。またこんにゃくを焼いて醤油《しょうゆ》をかけるだけでこんにゃくステーキを作れることがわかったり、調理への新たな発見もありました。

ヴィーガンになろうと思ったキッカケ、その中で一番私の人生まで変えてくれたのは、ジェイソン校長先生（私がそう呼んでいるだけです）、ヴィーガン活動家のジェイソンさんです。ジェイソンさんのインスタグラム（@stillavegan）を見て私は「ヴィーガン」という言葉に初めて出会いました。ジェイソンさんがひよこの屠殺《とさつ》場映像を投稿《とうこう》していたのを見て、この時から私は自分の体のために動物性の食品を食べないということではなく、動物の命のために食べないという生き方へシフトしました。そうして私はヴィーガンになりました。

さらに、インスタグラムでヴィーガンについて調べていたら次のような投稿がありました。「お肉の消費者になることは気候変動に加担していることだ」と……。

まず、お肉が食卓に来るまでにはたくさんの牛、豚《ぶた》などを育てるために大きな土地が必要です。そのために森林を伐採《ばっさい》します。すると、伐採する時の火でたくさんのＣＯ２が出ます。多くの本や資料の中には、このたくさんのＣＯ２が気候変動の原因になると書いてありました。

正面から答えない教師に落胆《らくたん》して泣いた日

その後、私はある日、私が通っている小学校の校長先生にインタビューをしたのです。そこで校長先生は面白《おもしろ》いことを言っていました。まず、私は「畜産《ちくさん》は地球温暖化に繋がっていることを知っていますか？」と質問をしました。すると、校長先生は「まだわかっていることではありませんよね。それはあなたの意見であって私の意見ではありません」と答えたのです。それは私の意見じゃないのに……。

さらに私は「菅《すが》総理（当時）が２０５０年までに温室効果ガスをゼロにすると宣言しました。校長先生は何かに取り組みますか？」と尋ねました。すると校長先生は、「それを聞いてどうするのですか？　他の人には言わないのですか？」と。私はさらに、「私はみんなの食事を変えたいです」と告げると、校長先生はさらに、「鳥の足を1本食べただけでは世界は変わらないよ」と答えました。

質問に対する返答が一切《いっさい》できていません。この日帰宅して私は大泣きしました。今思い返すと、11歳の私にこんな返答をするなんて面白い校長先生だと思います。しかし、こんな返答をされた当時の私はあきらめませんでした！

次は「学校でプレゼンをしたい」、そう思うようになりました。そこで担任の先生にプレゼンをしたいと相談したら、「いいよ！」と言ってくれました。そこから放課後、私は家に帰ったら資料となる写真をコピーするのをお母さんに頼《たの》むことがルーティーン化しました（笑）。

そして家でプレゼン用のポスターと原稿を完成させたのです！　そこからの問題は、学校で先生に確認をしてもらおうとしたところにありました。

私は屠殺場の事実をイラストで表した映像を、みんなに配られている学校のタブレットで流したいと言ったのです。

すると、「クラスの中に屠殺場で働いている親御《おやご》さんがいる子もいるかもしれないから」と……。私はただただ、「あ、はい」としか言いようがありませんでした。

教室でのプレゼンと国会前でのスピーチ

そこからいろいろと削除されていきました。ポスターは削除されませんでしたが……、原稿の中の言い方や内容がだいぶ修正されました。とにかく「何を言いたいか曖昧《あいまい》な原稿」になったのです。「まぁ、もうしょうがない」と、私は4割くらいを先生に従ってプレゼンの内容を決めました。

プレゼン当日、先生は1時間の授業時間を私に与えてくれました。

緊張のあまり練習のように落ち着きのあるプレゼンではありませんでしたが、みんなの耳にヴィーガン、気候変動という言葉を1回でも聞かせられたことはとても良かったことだと思っています。

6年生の春にはFridays For Futureのみんなと、国会前ではじめてスピーチをしました。そこで話したことは以下の通りです。

「こんにちは。私は小学生、環境活動家のあかりです。今、どうして小学生がここに立って話そうとしているのか。それは気候変動を見て見ぬふりをする人をなくしたいからです。そのために今日は2つのお話をしたいと思います。1つ目は気候変動とはその名の通り気候が変動することです。別名は地球温暖化。では、今より気候が寒くなったり、暑くなったりしてもいいのでしょうか？　2つ目は、今気候変動が起きないために自分が何をすればいいか？　多分、今あなたの考えではポイ捨てをしない、ゴミの分別をすることなどだと思います。もちろんそれも大切です。ですがそれは当たり前のことなんです。ゴミがあればゴミ箱に捨てればいいし分別はいつもしています。私は当たり前のことを毎日やっても何も変わらないと思います。では私がやっている当たり前じゃないこと。それは、2つあります。1つ目、私の家は化石燃料会社から自然電力会社にパワーシフトしました。パワーシフトとは自然電力会社に電気を切り替《か》えることを言います。

2つ目はお肉を食べないことです。今『無理じゃん！』って思ったそこのあなた！　少し聞いてください。まずお肉を作るには大きな土地が必要なんです。そのために森林を伐採します。森林を伐採すると二酸化炭素が増えます。二酸化炭素は地球を暖めるガスです。森林は二酸化炭素を吸収してくれるのに、伐採してもいいのでしょうか？　いきなり『お肉をやめて』とは言いませんが、今の世の中にはフェイクミートなどもあり、一食一食をフェイクミートに代替したりすれば未来が守れます」

今、振り返ると、私の話はわかりづらいですね（笑）。

当時はみんなにこの事実を早急に知って、理解してほしい！　ただその思いが大きかったです。

学校給食にヴィーガンを……

スピーチを書いている時ふと思いました。一番身近にお肉を無駄《むだ》に使っているのは学校の給食かな……、と。

そこで私にはヴィーガン給食を作りたい！　という目標ができたのです。その後、毎週のように教育委員会に電話や訪問をして、ヴィーガン給食の導入についてお話をしたりしていました。せめて小学校を卒業するまでにはヴィーガン給食を出したい！　と思う小6の秋でした。でもなかなか教育委員会も先生たちも話を聞いてくれません。

しかし、その後、私にチャンスが訪《おとず》れました。元環境大臣小泉進次郎《しんじろう》さんの講演会に行けることになったのです！　小泉さんに直接、ヴィーガン給食をお願いできるのではないかと考えました。でも、そのチャンスは恐怖心に負けてしまって実現できませんでした。お話ができなかったのです。

大勢の人がいるホールの中、私は小泉さんに私の気持ちを伝えたくて、小泉さんが退場する寸前に質問のために手を挙げました。もちろん質問する場などではありませんでしたが、必死に声を出して「はいっ！」と手を挙げて発言しようとしたのです。しかし、緊張のあまり無理でした。その後、小泉さんが向かっている所に走っていきましたがすでに講演会場にはいませんでした。ここで私は人生で初めて「悔《くや》しい」という思いを知りました。

時間ばかりが過ぎ、気がついた時は小学校卒業寸前でした。小学校でヴィーガン給食は実現しませんでした。

小泉環境大臣（当時）と

しかし、中学生になってようやくヴィーガン給食を実現しました。

中学生になってから、私はしばらくの間ヴィーガン給食のことを忘れていましたし、全然アクティブではなくなっていました。

一日一日、ただただお弁当を持って学校に向かい部活に行く。この日がなかったら何も世界が変わっていないと思う「スペシャルな一日」がないのです。こんな自分が情けないと気づいたのは中学に進学して半年ほどすぎた10月でした。言い訳をしてしまうと、新しい環境に慣れたり、新しい人たちと出会うことに私は精一杯《せいいっぱい》だったのです。

そこから「はっ！」と目が覚め、「自分は何をしているんだ。ヴィーガン給食を作るという目標はどこに行ったんだ?」と気づきました。次の日からまた、前のように校長先生に提案に向かいました。すると、な、な、なんと！「1年に1回ぐらいなら……」と、校長先生はそう言ってくれたのです。

1年に1回では「少な！」と思った方もいると思います。でも小学校の時は話さえできませんでした。そして長年の目標を達成し、2023年2月、ついにヴィーガン給食をみんなに食べてもらいました！　中学校でも、またクラスのみんなの前でプレゼンをしたい。「あかりがいたからこんなことができた」、私だから伝えられた、ということをしたいのです。「あなたが変われば周りも変わる」という言葉が私は大好きです。

最後に、ヴィーガンメニューがあるおすすめの飲食店を紹介します！

【東京編】

●hal okada／広尾《ひろお》

私が世界で一番好きなケーキ屋さん。とても質が良く、一つひとつに時間をかけて作り上げたのが伝わります。グルテンフリーヴィーガンなのでアレルギーがある方でも一緒にみんなで食べる事ができます！　誕生日やお祝いの時はhal okadaに決まりです。

●居酒屋 真さか／渋谷《しぶや》

真さかはなんとヴィーガンの居酒屋です！ 定食やもちろんアルコールも提供していてボリュームもあるので食べ応えがあります。

唐揚《からあ》げは弾力があり、大豆ミートの繊維が一つひとつ細かく分かれていて、とても研究されていると思いました。こちらも貴重な居酒屋さんです！ ヴィーガンじゃない友人と行ってみてください。必ず好きになります。

●HEMP CAFE TOKYO／恵比寿《えびす》

ヘンプカフェは東京のど真ん中にあるのに、森の中にいる感がたまらなくて心が落ち着きます。食べ物はアメリカンジャンキーで、とっても美味《おい》しい！ 特に舞茸《まいたけ》で作ったヴィーガンチキンがたまりません。あとフムスもたまりません。他にも推《お》しメニューはありますが、ここは絶対行くべき！ ドリンクにヘンプオイルを入れてくれるので、体や心を整えたい時にもおすすめです。

●チャヤマクロビ／新宿、日比谷《ひびや》、汐留《しおどめ》

チャヤマクロビは主に菜食を中心としたメニューが多いです。すべてのプレートに大きなサラダが付いていて、コールドプレスジュースも飲めるので野菜を楽しみたい人におすすめです。一部魚も取り扱《あつか》っています。私はここの大豆ミートの唐揚げが大好きです！

【沖縄編】

●自然いぬ。／読谷村《よみたんそん》

自然いぬ。は人気すぎて予約してから行くことをおすすめします。沖縄で一番美味しいお店と言っても過言ではないでしょう。ここのグルテンフリーヴィーガンのケーキが、美味しすぎて最初に食べた時は心が溶《と》けそうになりました。ケーキだけではなくすべてのメニューが完璧《かんぺき》です。沖縄に来たら予約して行くべきお店です。

●BLUE POINT FALAFEL & COFFEE／読谷村

ブルーポイントはファラフェルのお店です！　ビーチ沿いなので海を眺《なが》めながら食事する事ができます！　私のイチオシはハンバーガーです！　ボリュームがあり、パティがとてもジューシーです。他にもファラフェルセットや食後のデザートがあります。コーヒーとぜひ！

神宮外苑再開発見直し

仲間と一緒にゆっくり社会を変えていく

楠本夏花（くすもと・なつか）

2003年生まれ。上智《じょうち》大学3年生。2023年に、神宮外苑再開発見直しを求める学生団体Amamoを立ち上げる。現在は、社会活動へのはじめの一歩を後押しするプラットフォーム「アクティビズム.com」を構築中。

経済発展のために自然を犠牲にしない社会を作りたい

何気なく道を歩いているときに、ふと木や植物を見つけて、癒《いや》されたことはありますか？ 忙しくて窮屈《きゅうくつ》な日々の中で、「一回自然の中でリラックスしたいな」と思ったことはありませんか？ 私には、そんなことがたくさんあります。東京に生まれて東京で育ってきた私にとって、

神宮外苑の銀杏並木と、一緒に活動をする仲間たち

道端《みちばた》で何気なく見つけられる「小さな自然」は、とても大切です。

自然が私たちに与えてくれるものは、目に見えるものではありません。だから、目に見える価値や利益を生むために、たびたび自然は人々の経済発展の犠牲になります。今の日本社会、主に東京では、このような犠牲がたくさん生まれています。私はこのような社会を変えようと、高校3年生のときから声を上げています。

「神宮外苑《がいえん》再開発」を、皆さんは聞いたことがあるでしょうか。今、美しいいちょう並木で知られる東京の神宮外苑で、企業による再開発が行われようとしています。この再開発では、３０００本以上の樹木を伐採、多くの樹木が移植され、その生存が危機にさらされています。さらに、この伐採により多くの野鳥たちも居場所を失います。私がこの再開発を知ったのは、２０２２年の２月、高校3年生のときで、それから1年以上、計画内容の見直しを求めて活動してきました。

きっかけは、イタリアに住む私の叔母《おば》がこの再開発の情報を見つけ、自然環境が犠牲にされると知ってすぐにオンライン署名を立ち上げて私に連絡《れんらく》をくれたことでした。私は、東京からたくさんの樹木が失われてしまうこと、そしてそれが都民にもまったく知らされていない間に行われようとしていることに問題意識を感じ、一緒に声を上げることにしました。

それからは、近隣《きんりん》住民の方々や友人たちと神宮外苑の街頭で署名活動をしたり、ビラを作って配ったり、デモンストレーションをしたり、1万筆以上の署名や要望書を企業や東京都に提出したり、できる限りいろいろなことをしました。

同じ想いを持つ仲間たちと何度も声を上げて、たくさんの人の声を届けて、計画を少しでも見直してもらおうと活動しました。その活動はテレビや新聞などのメディアにも取り上げられましたが、計画は2023年の2月に都により認可されてしまい、いつ工事が始まってもおかしくない状態になってしまいました。私たちが声を上げても、その声には耳を傾けてもらえませんでした。それでもまだあきらめずに今も活動を続けています。

なぜなら、私たちの未来に、高層ビルだらけの窮屈な東京ではなく、人々の生活と健《すこ》やかで豊かな緑が共存する東京を残したいからです。自然は私たちにさまざまな幸せを与えてくれていますが、その価値は経済的には可視化されていないため、どんどん破壊されて商業施設《しせつ》などに変えられてしまっています。

行動と言葉が一致《いっち》しない行政や企業

国や都知事、あらゆる大企業は近年、「SDGs」や「共存」というワードを用いて、地球温暖化に向き合っていくと言っています。しかし、そのような言葉と彼らの行動は、残念ながら多くの場合、一致していません。

今回の再開発も、「自然を保護しながら行います」と言われていましたが、自然は保護されるどころか破壊され、「植樹をして緑を増やします」と企業や都知事はアピールしているけれど、3000本以上の樹木を伐採して0から植樹すること、それは本当に自然保護なのかという疑問を覚えます。

地球温暖化を止めるという何よりも重要な課題に人類が向き合わなければいけない時代ですから、「経済発展と自然保護を両立する社会のあり方」を、私たちは考えていくべきです。だからこそ、私は「再開発」自体には否定的な思いはありません。街がより良い場所に変わっていく「再開発」は必要だからです。

でも、今回のように、自然環境を大きく犠牲にするうえに、その街に住む人々が参画できず、納得《なっとく》できていない再開発は、見直されるべきだと思います。再開発事業において、経済発展だけでなく、その場所の自然環境や人々の意見が尊重される社会にしたい、そう思って私は活動をしてきました。

ただ反対するのではなく、あらゆるアプローチで行政や企業に対して声を上げ、声を届けて、自然が本当の意味で保護され未来に残されていく社会を作っていきたいと思っています。

社会を一気に変える必要はない

私は活動を始めたばかりの頃、声を上げたらすぐに社会は変えられるものだと思っていました。でも実際には、この社会では声を上げて社会が変わるどころか、その声が届きもしないことの方が多いという事実に活動を始めてしばらくして私は気づきました。そんな社会だからこそ、環境問題だけでなくさまざまな社会問題も今山積みの状態です。

本書に関わっている若者のアクティビストたちもきっと、一度はこの事実に悩んだことがあるだろうと思います。社会を変えようともがけばもがくほど、この事実が大きな壁《かべ》のように見えてしまいます。

私は活動を始めたことで、社会の良くない一面を今まで以上にたくさん知り、自分たちの声が届かなかったこと、少しも耳を傾けてもらえなかったことに一時期悲しみました。でもその時間こそが、自分自身に「声を上げる意味」を問い直す機会になり、社会を変えるために行動を起こす上で大切なことに気づくことができました。それは、「声を上げることの目的は、社会に目に見える大きな変化を起こすためだけじゃない」ということです。

もちろん、声を上げることで社会を大きく変えることは最終的な目標です。でも実際には、社会は一人ひとりが少しずつ、それぞれのやり方で変えていくしかないのです。今の社会ができるまでに長い時間がかかったのなら、それを大きく変えていくのにも、長い時間とたくさんの人の声が必要なはずです。だから、自分が声を上げることで一気に社会を変えようなんて思うこと自体無謀《むぼう》だと私は気付いたのです。

自分の活動に周りの人たちを少しずつ巻き込んで、社会の問題に興味を持つ人を少しずつ増やし、「声を上げることって意外と怖いことじゃないかも」と少しでも多くの人に思ってもらう。「社会の3・5パーセントの人が本気で立ち上がれば社会は変わる」と言われているならば、その3・5パーセントになる人を1人ずつ増やしていくために声を上げればいい。地道な活動になるかもしれないけれど、むしろそういう地道で小さなアクションを私はずっと続けていきたいと思っています。

声を上げるって何?

「声を上げる」ということは、その定義が曖昧です。私はここまで何度も「声を上げる」という言葉を繰り返していますが、それはいったい何を意味するのか、言い方が大袈裟《おおげさ》じゃないか、と思った方もいるかもしれません。

私にとっての「声を上げる」とは、大規模に周りを巻き込んで行動を起こすことではなく、問題意識をSNSで発信したり、友人や家族と社会問題について議論する機会を作ったりという何気ないアクションのことです。自分が社会について思うこと、それが政治のことでもジェンダーのことでも、その意見を周りに示すこと自体が、「声を上げる」ということだと私は思っています。

しかし、今の時代はいまだに自分の政治的な好みや社会問題についての意見を周りに話すことは好ましく思われていません。「周りにどう思われるか」という心配がその主な理由だと思います。実際、私自身活動を始めて、社会に対する自分の声をはっきり表明し始めてから、ＳＮＳなどでアンチコメントをもらったり、知り合いに心配されたりすることがあります。

もちろん周りに心配はかけたくありませんが、私は自分が声を上げたことを後悔《こうかい》はしていません。それは、周りからの目を気にして自分の社会に対する思いを表明することを避《さ》け続けていては、社会はいつまでも変えられないと気づいたからです。まずは、一人ひとりが社会で起きていることに目を向け、それについてどう思うのかを考え、それを周りと共有してみる。周りの人とその意見が同じとは限りませんし、ときには共感し合えずに孤独《こどく》を感じることがあるかもしれません。でも、そこで議論をすることで、また新しい価値観やものの見方を得ることができます。

そういうふうに、少しずつでも声を上げていく人が増えれば、社会はいつか絶対に変わると私は思います。まずは、学校や職場などの身近な環境で、変えるべきだと感じていることに目を向けてみてください。そして、そう感じていることを誰かと共有してみて、実際にどう変えられるか考えてみてください。そうしたらきっと、どんどん自分の中から新しい声が生まれてきて、それがどんどん楽しくなってくると思います。

社会を変えるために行動をしたいという思いが少しでも芽生えれば、いつからでも声を上げ始めることはできます。人生の中のほんの小さなきっかけでその気持ちは芽生え、そのタイミングは人それぞれ違います。私は高校生のときでしたが、それが大人になってからの人もいれば小学生のときの人もいるし、おじいさんおばあさんになってからの人もいます。きっかけさえあれば、誰でも、いつからでも、声を上げることができる。この本が、そんなきっかけの1つになったら嬉しいです。

「当時から1年が経って変わったこと」

ここまでの文章を書いたのは、1年前の2023年3月の時です。本書の仕上げ段階である今、2024年3月に自分の書いた文章を見返してみると、改めて、この1年の間に自分の中で大きな変化があったことに気づきます。

今、私は神宮外苑再開発計画見直しの運動には関わっていません。その理由は複数ありますが、一番の理由は、自分の中での活動の優先順位が大きく変わったことでした。他に優先したいことに力を注いでいく過程で、活動を続けることがどこか負担のように感じられてしまい、「楽しんで声を上げる」ことができなくなって、活動を一度やめるという決断をしました。

そんな、もはや当時と同じ活動をしていない私が、本書に登場する意味はあるのかと一度は考えましたが、今は、そんな私だからこそ伝えられることがあるのではと信じ、言葉を紡《つむ》いでいます。

ここまで書いてきたことに、もちろん嘘《うそ》は1つもありません。昨年までは本気で再開発見直しの実現のために活動をし、自分はこの先もずっとそこに関わっていくと思っていました。「自分の意志はこの先も変わらない」という姿勢で物事に取り組むことは素晴らしいことです。だからこそそこに深く関わることができ、どんなチャンスも見逃さずに前に進み続けることができます。しかし実際には、人生を生きていれば、どこか思わぬきっかけで自分がそれまで信じてきたことが180度変わってしまう瞬間が誰にでも訪れます。多くの人はそんなとき、「今までやってきたことを無駄にしたくない」「立ち止まりたくない」という気持ちから、新しく自分の中で生まれた声を必死にかき消そうとします。去年の私もそうで、立ち止まってはいけないという考えに異常に固執していました。

しかし今振り返ってみると、あのとき立ち止まらなければ気づけなかったことがたくさんあることに気づきます。自分が将来何をしたいのか、どのような形で社会と関わりたいのかは、一度立ち止まらなければ考えられなかったと思います。今もまだその答えをはっきりと見つけられたわけではありませんが、少なくとも、「立ち止まらないように」と生きていた去年よりは、一歩ずつ着実に前に進めていると思います。

「立ち止まることはいけないこと」。この社会では、多くの人がこの価値観を当たり前として生きているように感じられます。それは社会全体の経済や産業の成長だけでなく、いつの間にか一人ひとりの人生にも当てはめられるようになりました。周りに置いていかれないように、必死に進み続ける。そのプレッシャーは時に私たちに重くのしかかります。もちろん、進み続けることは大切です。本書に関わるアクティビストたちも、声を上げ続けたことで社会を少しずつ変えてきました。でも、私は、たまには、立ち止まってもいいんじゃないかと思います。たまには立ち止まって、周りをゆっくりと見渡《みわた》して、まだ持っていないものばかりを探すことを一旦《いったん》やめて、自分たちがすでに手にしているものに目を向けてみる。そして何よりも、自分がそこまでどれだけ立ち止まらずに頑張《がんば》ってこられたかに目を向けて初めて、もう一度、前に向かって歩き始めることができるのではないかと、私は思います。

これから私は、どのような形で声を上げていくのでしょうか。正直自分でも全く想像がつきません。でも、「社会を変える3・5パーセント」となる人を1人ずつ増やしていくために、小さなアクションを休み休み、ずっと、続けていきたいと思っています。

CHAPTER

2

安心して暮らせる国にするには?

平和と民主主義

WORLDLY WISDOM
FOR 14 YEARS OLD

ロシアウクライナ侵攻《しんこう》・核《かく》兵器廃絶

平和のともし火を消さない

田原ちひろ（たはら・ちひろ）

2003年、東京で生まれる。小学校4年生で『はだしのゲン』を読んだことをキッカケに原爆《げんばく》の恐《おそ》ろしさを知る。東京高校生平和ゼミナール、東京とニューヨークをつなぐ高校生折り鶴《づる》プロジェクトの実行委員長を務めた。現在は、東京学生平和ゼミナールで活動。ソーシャルワーカーを目指している。

自分にも何かできるのではないか？

ある夏の日、私は母と一緒《いっしょ》に、というよりも連れられて、長崎で行われた原水爆禁止世界大会に参加しました。

原水爆禁止世界大会とは、広島・長崎をはじめとする原爆・水爆被《ひ》害《がい》、放射能による惨禍《さんか》を世界に伝え、核兵器廃絶《はいぜつ》の展望を学び、世界の人々が連帯する場として、毎年開催《かいさい》されているものです。当時小学4年生の私にとっては、大人の難しい話を聞いたり、戦時下の食事を再現した「すいとん」を食べたり、戦争遺跡《いせき》を巡《めぐ》ったりすることは面白《おもしろ》みがあるとは言えませんでした。けれども、漠然《ばくぜん》と、戦争や核兵器の恐怖《きょうふ》を感じていました。

中学に進学すると、部活動やテスト勉強などで忙《いそが》しくなり、社会に目を向ける機会がだんだんと少なくなっていきました。また、管理教育の中で、上から言われたことは絶対とする雰囲気《ふんいき》が強く、社会や政治に対して失望感を抱《いだ》いていました。

高校は、これまでの教育の在り方に反発したかったからか、校風が自由な学校に進学しました。高校生活が落ち着いてきた頃《ころ》、親に東京高校生平和ゼミナールの存在を教えてもらったことが、再び社会に関心を持つキッカケとなりました。

東京高校生平和ゼミナールでは、中・高校生が「知りたいこと、学びたいこと」を自主的に学び、どうすれば平和を実現し、社会の問題を解決することができるかを考え交流しています。また、毎年8月に広島または長崎への平和学習旅行を行っています。

私は高校1年のときに参加した平和学習旅行を機に、考えが180度変わりました。

全国高校生平和集会では、各地の高校生平和ゼミナールの活動報告があり、分科会では憲法改正や沖縄の問題などを学び交流しました。さまざまな社会問題が取り上げられる中、自分には為《な》すすべがないとあきらめていた部分がありました。

しかし、各地の高校生が実際に行動に踏《ふ》み出している姿を知り、自分にも何かできるのではないかと励《はげ》まされ、希望を感じました。

また、直接被爆者のお話を伺《うかが》ったことや、日本政府が核兵器禁止に後ろ向きである事実を知ったことが、核廃絶運動を始めるキッカケとなりました。

2020年4月には、原水爆禁止世界大会がニューヨークで開かれる予定でした。私はこの会議への参加を予定していましたが、新型コロナウイルスの感染《かんせん》拡大により中止になり、断念せざるを得ませんでした。現地での参加は叶《かな》いませんでしたが、同年5月には原水爆禁止世界大会ニューヨークの青年集会がオンラインで開かれました。約300人が参加し、命を守る視点で核兵器のない世界に向け、医療《いりょう》、格差、ジェンダー平等、環境《かんきょう》などさまざまな角度から7人の報告がありました。

私はその際、「東京とニューヨークをつなぐ高校生折り鶴プロジェクト」の実行委員長という立場から発言しました。このプロジェクトは、日本の文化であり平和の象徴《しょうちょう》でもある折り鶴を、高校生の平和への想《おも》いとしてニューヨークに届けようというものです。目標は、世界中にある核兵器とほぼ同じ数の1万4000羽でした。

被爆者の声を聞き交流する

また、月に1回「折り鶴を折る会」を開いて、被爆者のお話を伺ったり、学習や交流をしたりしていました。友人に「目標にはまだ届かないからぜひ協力してほしい」と伝えると、好意的に協力してくれました。朝登校すると、机に折り鶴がきれいに並べてあったり、わざわざクラスまで届けにきてくれたりする先輩《せんぱい》もいました。それでも、目標数までは遠く、授業中に必死になって折っていたりもしました。その結果、約半年で目標の1万4000羽を集めることができました。

目標の達成を支えたのは、平和に対するメンバーの強い思いです。それは「若者が動くと影響力《えいきょうりょく》が大きいから、高校生が行動していることを示したい」、「核を持つこと自体が人類の凶器《きょうき》である」、「平和への意志を示し、被爆者の方の思いを私たちが継承《けいしょう》していかなければいけない」など、1人ひとりの切実な思いによって成し遂《と》げられたものでした。

2021年1月22日、核兵器禁止条約が発効しました。核兵器禁止条約とは、核兵器を「非人道兵器」として、その開発、保有、使用あるいは使用の威嚇《いかく》を含《ふく》む、あらゆる活動を例外なく禁止した国際条約です。条約の発効は、広島・長崎の被爆者をはじめとする市民社会が大きな役割を果たした画期的なものです。「核兵器は違法《いほう》」とし、核兵器保有国や核兵器に依存《いそん》する国を、「国際法違反の国」として追い詰《つ》めていくことができるようになりました。私は条約発効を聞き、今までの一つひとつの地道な活動が報《むく》われたと感じました。

高校生でも世界の運動の力に加わることができることを知り、勇気づけられたと同時に、さらに声を発信していかなければいけないと思いました。なぜなら、条約が発効してもすぐに核兵器がなくなるわけではなく、条約をより有効的なものにしていかなければならないからです。

核兵器禁止条約への日本政府の対応

そのような中で、日本政府が条約に背を向け続けていることは大問題だと思います。唯一《ゆいいつ》の戦争被爆国である日本が条約に参加すれば、核兵器廃絶の趨勢《すうせい》をより一層加速させていくことに繋《つな》がるはずです。

日本政府が各国に対し、情けない態度をとり続けている中で、高校生の核廃絶運動が、世界に対して希望あるものになると考えました。そのため、核兵器禁止条約への署名・批准《ひじゅん》を日本政府に求める署名、「声を上げよう！高校生署名」を始めました。

この署名は、埼玉・愛知・広島・沖縄などの高校生平和ゼミナールが共同で呼びかけたものです。署名目標（1万筆）を達成するために、原宿駅前や吉祥寺《きちじょうじ》駅前を中心に雨や雪が降る中でも署名活動を行いました。署名を集めていても、見て見ぬふりをする人がほとんどで、ときには罵《ば》倒《とう》してくる人、嘲笑《ちょうしょう》してくる人もいました。

自分のやっていることに意味があるのか、と自問してしまうときも多々ありましたが、「微力《びりょく》だけど無力ではない」という言葉を信じて署名集めを続けました。

私は自分の高校などでも署名活動を行いました。街頭で署名を集めるときはいいのですが、顔を知られている人の前で集めるとなると、どう思われるのかという不安がありました。周囲からの視線が気になりましたが、被爆者の訴《うった》えを自分の中だけで止《とど》めてはいけない、発信していかなくてはという思いが自分自身を後押《あとお》ししました。

結果として、仲間の協力を得ながら400筆ほど集めることができました。この経験ができたのは、自学内での署名活動は私にとってかけがえのない経験となりました。この経験ができたのは、自力では決してなく、署名活動に大いなる理解を示してくれた校長先生をはじめとする教職員の方々、周囲の友人の支えがあったからです。署名を集める中で、「核兵器より強い武器を持った方がよい」、「中国や北朝鮮《きたちょうせん》の脅威《きょうい》を考えたら核兵器をなくすメリットがわからない」などの意見があり、一筋縄ではいかない問題だと感じました。

ただ、メディアが右傾化《うけいか》しているにもかかわらず、多くの方は核兵器を無くしたいという思いは一緒で、核廃絶を望む声は多数派であると確信をしました。そのため、核兵器廃絶の展望を学べる平和ゼミナールの活動をもっと多くの人に知ってもらいたいと考えました。

ロシア大使館への抗議《こうぎ》行動も

ロシアによるウクライナ軍事侵攻が開始された直後、高校生平和ゼミナールはロシア大使館への抗議行動を行いました。核兵器使用の威嚇《いかく》に抗議し、ただちに平和的解決がされるよう世界各国が最大の努力をすることを求めました。

これまで高校生平和ゼミナールでは、被爆地の広島・長崎や、地上戦のあった沖縄をはじめ、日本各地の戦争の歴史について平和学習活動を続けてきました。

被爆者の体験を数多く聴《き》き、核による被害は一度ではなく将来後世にまで及《およ》ぶことを学びました。戦争は人々の命と暮らしや若者の未来を奪い、民主主義を支える基盤《きばん》を奪う最大の暴力であり人権侵害です。

沖縄、東京、広島の高校生平和ゼミナールで「プーチン大統領、すぐに戦争をやめてください」と題した緊急《きんきゅう》署名を呼びかけました。緊急署名は、1週間でオンラインと紙の両方合わせて5212筆を集めることができ、集めた署名をロシア大使館に届けました。そして、ロシア大使館からウクライナ大使館までピースウォークを行いました。

「今回のような戦争を繰《く》り返さないためにも、しっかり教育を受けて、歴史について学び、そして嘘《うそ》の情報と本当の情報を判断できる力を養ってほしいです。クリティカル・シンキング（批判的な思考）を育て、身につけることが大切です。ロシアではいまだに多くの人がプーチン大統領を支持していて、プロパガンダが行われています。ロシア人の友だちを作って、その人たちとたくさん話し合うのが良いでしょう」

これは、ウクライナ大使館の方の言葉です。最近は、インターネットの普及《ふきゅう》によって迅速《じんそく》に情報を得ることができる一方で、断片的な情報のみで物事を判断してしまっているのではないでしょうか。

SNSで拡散される情報は、事実かどうかよりも、共感できるか面白いかどうかが重視されています。インターネットのみならず、テレビや新聞、本などさまざまな媒体《ばいたい》に触《ふ》れながら、情報を見極《みきわ》めていくことが求められています。

声なき声の代弁者でありたい

2022年8月19日、高校生平和ゼミナールで1年かけて集めた「声をあげよう!高校生署名日本政府は核兵器禁止条約に署名・批准を」の署名1万3642人分を外務省に提出しました。署名を受け取った外務省の担当者は、核兵器禁止条約が「核なき世界」の出口との認識《にんしき》を示しながらも、「そこに向かって努力する」と述べるに止まりました。改めて、世論と政府の間に核兵器禁止条約に対する思いの隔《へだ》たりを感じざるを得ませんでした。核兵器が存在すること自体が非人道的であるため、今後も世論と運動の力で日本政府を動かしていきたいと思いました。

2022年8月19日、外務省要請に向かう際のようす

私は、大学に進学しても平和や憲法、社会の問題について学び交流し、核兵器廃絶の運動を学生の間で作りたいという思いで、東京学生平和ゼミナールを結成しました。世界で唯一の戦争被爆国であり平和憲法を持つ国の未来を担《にな》う主権者として、今も核兵器や戦争がない世界を目指し、活動を続けています。

しかし、同じ思いを持っていても、行動に移せない学生も多くいると思います。私は今偶然《ぐうぜん》にも、このような活動ができていますが、周囲を見渡《みわた》すとバイト漬《づ》けになっている人、自分の生活で精一杯《せいいっぱい》になっている人はたくさんいます。声を上げるのが困難な人たちの思いを代弁し、声なき声に耳を傾《かたむ》けていけるような人でありたいです。

核兵器廃絶

反核運動とデザイン

中村涼香

（なかむら・すずか）

2000年、長崎県生まれ、24歳《さい》。祖母が被爆者の被爆3世。高校時代から被爆地長崎を拠点に核兵器をなくすための平和活動に参加。大学進学と同時に上京後、「KNOW NUKES TOKYO」を設立し、被爆地の外でのムーブメント作りに取り組んでいる。

今、世界には1万2120発（長崎大学核兵器廃絶研究センター調べ）の核兵器がある。この核兵器を1つも残さず、世界からなくすために私は動いている。誰《だれ》一人として核兵器を使っていい人も、使われていい人もいないからだ。

はじまりはいろいろ

私は2000年に長崎で生まれた。1945年8月9日に原子爆弾《ばくだん》が投下された土地では、小学生の頃から平和教育を受ける。毎年8月9日には夏休みの真っ最中に登校日が設定され、生徒たちは体育館で被爆証言を聞き、黙禱《もくとう》する。蒸《む》し暑い体育館で長時間体育座《ずわ》りを強《し》いられる時間は苦痛で、被爆証言もあまり聞きたくなかったが、小学生の私はどこからともなく正義感と根拠のない自信があふれる無鉄砲《むてっぽう》な子どもだったので、被爆証言を聞いた後は黙禱しながら「私が生まれてきたからには、核兵器をなくします」と誓《ちか》っていたのを今でも覚えている。こうして考えてみると、とんでもないスーパーマン気取りだが、無知は最強である。この思いがゆくゆくは私を突《つ》き動かす原動力になるのだ。

それから高校生になった頃、私の中で固く誓った熱い思いは、心の片隅《かたすみ》で存在感を消していた。当時、それ以上に私の心を燃やしていたのは海外という未知なる世界への憧《あこが》れだった。そのとき、高校生らが毎年核兵器廃絶を求める署名を集めて国連に届ける「高校生平和大使」という運動があり、スイスのジュネーブにある国連欧州《おうしゅう》本部に行けるだけでなく、その費用も負担してくれるらしいという情報を嗅《か》ぎつけ、興味がそそられた。こうして私は海外に行きたいという不純な動機で「高校生平和大使」になるべく、反核運動の門を叩《たた》くことになる。

再燃

「高校生平和大使」には全員がなれるわけではなかった。メンバーたちの代表として数人が選ばれる。私は土日関係なく、街頭での署名活動や座り込《こ》み、修学旅行生の受け入れなどすべての活動に参加し「高校生平和大使」に選ばれるように一生懸命《けんめい》に頑張《がんば》った。すると、かつて固く誓った思いが徐々《じょじょ》に再燃し出す。被爆者や反核運動に長年取り組む先輩たちの姿はとても勇敢《ゆうかん》で、本当に核兵器をなくそうとしていた。彼《かれ》らとの対話は私の価値観に大きく影響し、核兵器は絶対にいけないという決して揺《ゆ》らぐことのない軸《じく》が生まれた。そして「どうして核兵器はなくならないのだろう」「どうして私の故郷を一瞬《いっしゅん》で破壊《はかい》した核兵器が核の抑止力《よくしりょく》という名の下《もと》、私たちを守ることができるのだろう」と怒《いか》りに近い疑問が次々に湧《わ》いて出てきた。それは、その答えを探し求める長い旅の始まりにしか過ぎなかったがこのときの感情や思いは今も変わらずに持っている。

当初、海外に行くことを目的に入った私は完全にアクティビストとしてのアイデンティティを持つようになったのだ。当時、私がとてもお世話になった高校の先生は「続ける中で思いが本物になる」と言っていたが、本当にその通りになった。

違和感

その後、私はなんとか「高校生平和大使」に選ばれ、ジュネーブではなかったが北欧のノルウェーに2度渡航《とこう》した。詳《くわ》しい活動内容はここでは割愛《かつあい》するが、憧れだった海外はとても刺激的《しげきてき》で、そこまで頑張った自分がとても誇《ほこ》らしく思えた。だが、同時に私の活動が本当に世界の核兵器をなくすために貢献《こうけん》しているのかわからなくなってしまった。

毎週末、街頭に立って署名を集めても、平和公園で座り込みをしても、核兵器はなくならない。もちろん、ここまで長年反核運動を続けてきた先輩たちのことは心からリスペクトしているし、彼らの運動が作り上げてきた功績もある。しかし、限界を感じてしまった。

さらに、自らの時間や労力を削《けず》りながらボランティアベースで組まれる運動は過酷《かこく》で、現場は常に後継者や人材不足で頭を抱《かか》えていた。声を上げることに苦痛が伴《ともな》う社会のシステムに強い違和感を隠《かく》せず、持続性も見えなかった。実際に私と同じく高校時代に反核運動に没頭《ぼっとう》した仲間たちは全国に2000人以上いたが、大学進学後も継続している人はわずかだった。

第2フェーズ

それから私は東京の大学に進学することになった。心に大きなモヤモヤを抱え、核兵器の問題と向き合い続けることに疲弊《ひへい》していた私は、目の前に広がる夢のキャンパスライフに身を投じて、物理的にも心理的にも活動から離《はな》れた。新たな友人らと過ごす大学生活はストレスフリーで心から楽しめた。一生この時間が続いてほしいと願ったが、現在進行形で存在する核兵器の問題に目を背《そむ》けるのはとても居心地が悪かった。

そうして半年が経《た》った頃、友人から「東京を拠点に新しい核兵器廃絶のムーブメントを作ろうと思うんだけど、一緒にしない？」と連絡《れんらく》がきた。なぜだかとても心が高鳴った。不思議とここで返事をすれば人生が変わるかもしれない、とさえ思った。こうして文字に起こして見ると陳腐《ちんぷ》に見えるし、なぜそう思ったか説明できないが直感で本当にそう思った。

実はここで連絡をしてきた友人というのが、後にKNOW NUKES TOKYOを一緒に立ち上げる高橋悠太《ゆうた》だった。彼は広島の生まれで中学時代から人権や平和をキーワードに活動を続け、政治家へのロビーイングを行っていた。

彼とは共通の知り合いを通じて上京してすぐに知り合ったが、私の居心地の悪さを作っていた張本人でもあった。なぜなら、私が疲弊して続けることができなかった活動を彼は辛抱強《しんぼうづよ》く1人でも東京で進めていたからだ。彼と一緒に動きたいと心の底では思っていたものの口に出すことはできず、どこか彼を羨《うらや》ましく感じていたのだろうと思う。

話を戻《もど》すが、結果的に彼の連絡は本当に私の人生を変えた。あの連絡がなければ、私はそのまま平凡《へいぼん》な大学生活を送り、就職活動をしていたに違《ちが》いない。だが、私は今こうして再びアクティビストとしての人生を歩んでいる。

KNOW NUKES TOKYO

私が彼の連絡にときめいたのにはいくつか理由がある。その中でも特に大きかった理由は「自分で運動を作れる」ということだった。かつて私がモヤモヤを抱えて投げ出してしまった運動の形は私にフィットしなかったが、手法や見せ方を変えれば、これらを克服《こくふく》できるのではないかとキャンパスライフを存分に楽しんでいた間もいろいろな構想を練りながら常に考えていた。自分の中で温めていたアイデアを実践《じっせん》できることは私にとって大きな喜びだった。そしてなによりも課題から目を背ける居心地の悪さが解消された。

2021年5月、私たちはKNOW NUKES TOKYOを立ち上げた。名前には3つの意味を込めた。まず1つ目に「NO NUKES」、核兵器に反対するということ。2つ目に「KNOW NUKES」、ヒバクの今を共に学ぶということ。このトピックは79年前の広島や長崎に矮小化《わいしょうか》されがちだが、今も核の被害は再生産され続けており、私たち全員が1万2000発以上の核兵器と共に生きるこの問題の当事者である。その感覚を社会と広く共有する必要があると考えた。そして3つ目に「KNOW NEW」、新しいスタンダードを作るということ。私たちのように学生の間に強い思いをもって活動をしていても経済的、時間的な制約から大学卒業を機に活動から離れざるを得ない仲間たちを多く見てきた。

核兵器は1年や2年でなくせるものではなく、長期的に問題に向き合い続けていく必要がある。

さらにボランティアベースの運動は私たちが生きていく上でさまざまな負担を強いる。生活の基盤が安定して初めて社会に声を上げることができるのに、ますますアクティビストが置かれる環境は厳しくなってしまう。私たちは自分が少しでも長く、持続的に活動を継続するために反核運動を生業《なりわい》にしたいと強く願うようになった。

お医者さんが患者の命を救うために病院を運営しているように、私たちも核兵器をなくすためにKNOW NUKES TOKYOを運営したい。社会課題に直接関わることが進路の選択肢《せんたくし》になる世界線が実現することを目指している。また、名前の後ろに「TOKYO」と入れたのは東京を拠点に活動していることを意味しているのは言うまでもないが、被爆地以外の土地で声を上げることに大きな価値を見出《みいだ》していることを表している。

我ながらこの名前をとても気に入っている。そして名前だけでなく、コミュニティのブランディングにもこだわった。ブランディングと言えるほどのものではないが、ホームページやSNS、名刺などすべて自分で作った。

知人にアドビのソフトを買ってもらってから独学でデザインをするようになったが、実はこの作業がとても楽しかったりする。本業のアクティビストとデザインを掛《か》け合わせることで私は自分のポジションを確立し、オリジナルを持つことができたようにも思う。そもそも私がなぜデザインに挑戦《ちょうせん》したかと言うと、「被爆」や「反核運動」という字面《じづら》から連想される怖《こわ》いというイメージを払拭《ふっしょく》したかったからである。

修学旅行で広島や長崎を訪《おとず》れる人は多いが、そこで目にする白黒の写真たちはときにトラウマとなってしまう。私の親が私が最初に座り込みに参加するのを躊躇《ちゅうちょ》したように、運動には過激なイメージがある。表現方法を変えることで私たちはより社会に浸透《しんとう》しやすいメッセージの発信を追求したかったのだ。

私の話も終盤《しゅうばん》に近づいてきたが、ここで私が普段どんな活動をしているのか少し紹介《しょうかい》する。

私たちはノーベル平和賞を受賞したICAN（核兵器廃絶国際キャンペーン）のパートナー団体として2017年に誕生した核兵器禁止条約を推進している。これは核兵器の開発や保有、威嚇などいかなる使用も禁止した歴史上初めての国際的な条約だ。また機会があればぜひこの条約などについても話したいが、もっと詳しく知りたい方は私たちのインスタグラム（@know_nukes_tky）でわかりやすくインフォグラフィックにしてまとめているのでぜひ見てみてほしい。

日本はさまざまな理由からまだこの条約に参加できていないが、私たちは核兵器のない世界を目指す上で必要なことであると考え、日本政府に対してロビーイングなどを通じて働きかけを行っている。2022年6月には核兵器禁止条約に参加する国々が集《つど》う締約国《ていやくこく》会議が初めて開かれ、私たちもその場に参加した。その他にも被爆者の方々と一緒に証言会を開催したり、学校で平和学習を行ったりと、幅広《はばひろ》く活動している。

アクティビズムを続ける

どうしてここまで活動を続けられるのか、と聞かれることが多くある。正直、私もよくわからない。周りにいる人たちに「とはいえ、核兵器をなくすのって無理な話だよね」と言われ続け途《と》方《ほう》もない気持ちになることもあるし、向き合っている問題のスケールが大きすぎて自分の役割がわからなくなることもある。

だが、私が一度離れても再びこの活動に戻ってきたように、すぐ側《そば》にある核兵器という差し迫《せま》った脅威を知っていながら、何もしないことの方が私には難しかった。が、それだけではない。こういったトピックを扱《あつか》っていながらそのような感情を覚えていいのか戸惑《とまど》うが、前述したように喜びや楽しさを感じている。活動に没頭する中でデザインという表現ツールにたどり着いたように、活動を介して出会った人々や経験が今の私を作っている。それに同じ未来を見据《みす》えて頑張っている優秀な人たちが世界にはたくさんいる。彼らの存在を知るだけでも将来に希望を感じるし、彼らと一緒に仕事をすることで私も自分に自信を持つことができる。

国連でのスピーチ

何だか、カッコつけたまとめになってしまったが、あのスーパーマン気取りな無鉄砲な少女はときに壁《かべ》にぶつかりながら、自己と向き合いながら、そして目の前に気まぐれで現れる幸運に助けられながら、かつて自分が立てた誓いを実現しようともがき続けている。

仲間たちには、核兵器がなくなった年に私

は定年退職できると言われた。今は早期退職することが私の目標だ。家族や友人らとの楽しい老後生活のためにこちらも抜《ぬ》かりなく計画を立てているところである。

ともかく、この本を手に取って読んでいただいた方にとってなにかしらの参考になると嬉《うれ》しいが、ぜひ次はあなたの話を聞かせてほしい。日々感じる違和感を大切に育てながら私たちが生きる社会を一緒に創っていきましょう。

私にできることや、ご一緒できそうなことがあればいつでもご連絡ください。

選挙ボランティア

今のままでは民主主義が不安定なまま……

あーにゃ

本名・平澤《ひらさわ》綺愛《あやめ》。2000年、前橋市生まれ。父の仕事の影響で全国を転々として育つ。日々、朝晩のニュースに触れることで国内外の政治に興味を抱く。大学生のとき、インスタグラムにより同じ興味を持つ仲間と出会い、「選挙ギャルズ」として数回の地方・国政選挙に携わる。現在、パリに本部のある国際機関でインターン中。

今は〝選ギャ〟の私

日本で道ゆく若者に、「今の政治についてどう思いますか?」という質問をしたら、いったい何人の人が「自分なりの答え」を述べることができるだろうか。この文章を読んでいるあなたが、もし同じ質問をされたら……、なんて答えるだろうか。多くの若者は、なんでわざわざそんな質問を自分たちにするのだろうと首を傾《かし》げ、とりあえず「わかりません」と答えるのではないか。

近年の選挙の投票率に表れている通り、私たち若者世代は政治への関心の低下が叫《さけ》ばれて久しい。そしてかく言う私も、少し前までは同じ質問をされたらきっと「うーん、わかりません」と答えていたに違いない。でも今の自分なら、逆に相手に「もう大丈夫《だいじょうぶ》です」と言われるまで日々の政治に思うことを話し続けるだろう。

この文章では他の同年代と同じように、モヤの向こうのよくわからない世界だと思っていた「セイジ」に私がどう関心をもち、これまでどう行動してきたかを振《ふ》り返りつつ、**これからなにかを始めようと思っているあなたに**こんな一例もあるよと言うメッセージが伝えられたら嬉しい。

幼少期に感じた違和感

まだ何もわからなかった小学生のときから、朝晩はニュースを見て過ごす家族のもとで日々生まれては消えていく政治の話題を何気なく眺《なが》めていた。母が社会科の先生だということもあり、ニュースを見る小学生というのはもしかしたら周りの同級生よりは政治との関わりが深かったのかもしれない。

しかし、その頃は報じられている内容がどんな意味を持つのか、自分とどう関わるのかは当然ながら理解するのは難しかった。しばらくして、報道される政界や政府内の争い・事件が時折、私でもわかるようになり、そしてその多くは善悪の判断を誤まって起こることに気づいた。

社会の難しい問題を扱い、日々国民のために物事を話し合っているはずの政治家たちは都合が悪くなれば「その日のことは記憶《きおく》にない」、「秘書に一任している」と話し、昨日と今日で説明が異なることもある。国会に関するニュースでは、その「言った」、「言わない」を争う様子を目にし、政治に対する不信感が募《つの》っていた。小学校でも「嘘はついてはいけない」と習うのに「偉《えら》い人たちがなんでそんなこともわからないのか」と1人で憤《いきどお》っていた。

何も変化がない教育

政治の仕組みは、学校でも教えられている。**小学校では「社会」の授業で大まかに憲法、税制や国会運営の仕組みなどを、高校生になると「公民」で関連法や歴史などを含めた詳細《しょうさい》を教わる。**しかし語彙《ごい》や数字など知識入れ込みを主とした暗記が中心で、具体的な働きや実生活とつなげるのは難しい印象がある。私が高校生だったのもちょうど選挙権年齢が18歳に引き下げられた年だったが、新たに冊子が配られ投票への呼びかけがされたのみで特に大きな変化はなかった。

「政治性」を嫌《きら》う日本社会

この教育とも大きく関わり、私が日本で政治を語る上でいつも問題視しているのが**日本に蔓延《はびこ》**

る「政治性」への強いアレルギーだ。よほど興味がない限り、日常的に政治を話題に議論したり、「こんなことがあったよね」と話したりするのはとても珍《めずら》しい。

逆に、例えば党員などとして活動していると、周りからは少なからず白い目で見られたり、後ろ指を指《さ》されたりすることがあるのではないか。このように個人であっても企業《きぎょう》や団体であっても「政治的なこと」から異様に距離《きょり》を置きたがるマインドが社会に広がっていると感じる。

フィンランドで受けた衝撃《しょうげき》

このようなことを考察し知識だけを学校で詰め込んで、小さい頃から政治への不満感・不信感を覚えながら高校生になった私は、ヨーロッパの北国、フィンランドに1年間の留学に旅立つことになった。私はそこで身の回りのあれこれが日本社会とあまりに違うことに衝撃を受けることになる。

私のいた1年はフィンランドで4年に1度の地方統一選挙が行われる時期であった。選挙が近づくと新聞には候補者の顔写真や名前が政党ごとに毎日のように掲示《けいじ》され、広場や市役所ではコーヒーやお菓子《かし》を片手にキャンペーンが組まれる。

まず驚《おどろ》いたのはその候補者の数で、私の住んでいた人口1万5000人の小さな町でも政党ごとに30~100人ほどの候補者が名を連ねていた。走っている車で誰かがわかるようなコミュニティだから、当然私の知る顔もあり、学校の歴史や生物の先生、おまけに次のホストファザーの名前まであった。

こうした市民の政治参加率の高さにびっくりした。「政治家」は日本のように特定の人の職業でなく、人々が至ってカジュアルに、一市民として立候補する姿が見られた。日本では地方選挙でも国政選挙でも、一度当選すれば職業そのものが政治家となることが多いが、フィンランドでは地方議員の給与《きゅうよ》は日本よりも安く、ほとんどの場合、本業とかけ持ちしながら政治家となる。まさに市民の代表者の集いが議会であり、一般《いっぱん》の声も拾いやすく、多様な視点から政治参加ができる環境があった。

政治教育も政治参加の裾野《すその》の広さに貢献している。小学校から政治参加の授業が行われ、選挙を模した模擬《もぎ》選挙をリアルに体験し、中学校では調べ学習を中心に具体的な制度を学ぶ。

高校の生徒会は地域により予算や年間活動の報告を議会でも行い、学校や教育関連の政策について異議申し立てなどを行える地域もある。幼い頃から政治と深く関わり、自分も政治と関わる「主権者」の1人であるということを、実体験を伴いていねいに教わっている。

世界でも有数の汚職《おしょく》事件の少ないフィンランド政治は、この積極的な政治参加によって営まれているのだと感じた。

今に繋がる歴史

ニュース報道や、日本の政治環境を見て一丁前に「失望」し不信感・不満感を抱いていた私は、この留学を通して「政治は私たちの生活そのもの」ということを再確認し、自分から政治と関わってみようという気持ちになった。

もとよりニュースとともに時事問題や社会的なトピックに関心が高かった私は、帰国し大学へ入ってからも政治学や公共政策、社会学などを主に選択し、特に政治学が古代ギリシャの哲学《てつがく》に源流をもつ、人々の思想の歴史なのだと学べたのはおもしろかった。

今日私たちが生きるこの社会のベースとなる「民主主義」や「議会」、「選挙」などというものは、はじめからそこにあったわけではなく、多くの血と汗《あせ》が流されて最終的に辿《たど》りついた結果なのだということ、またこの現状さえ完全でなく常に変化を伴いながら日々歴史は紡《つむ》がれていることを意識した。

飛び込んでみよう

ある日、今ある世界を一度でも自分の目で見たことはあるのか、自分に何かできることはないのか、と自問自答した。

もし若者の投票率が低いことを問題視するなら、一度でも教室で隣《となり》に座る友だちに選挙についてどう思うか聞いてみたことがあったか。もし目の前の政治家に失望するなら、自分の意見を政治に反映してくれる、他の政治家を探そうとしたことがあったか。なぜその人が選挙で当選するのか考えたことがあったか……小さくてもできることはきっとたくさんあるのに、テレビや新聞の報道を見ていわば「勝手に」落ち込んで、憤っている自分に気がついた。「政治の世界をもっと知らなければいけない」と強く感じた。

それと時を同じくして、いつも使っているSNSのインスタグラムで熱心に発信を続ける議員さんを偶然見つけた。これまで「政治家」と聞いて思い浮《う》かべてきた誰とも似つかず、休日は市民と積極的に関わり、意見交換《こうかん》をし、国会ではその困りごとを解決すべく答弁に立つ。初めて「この人は国会に必要だ!」と思った。

そしてその議員をフォローし始めると、その周りには彼をサポートしつつ政治を取り巻く環境に一石投じるため、政治に「無関心」なこの社会を変えるために、希望を持って活動するたくさんの人々が存在することを知った。さらにその中には私と変わらない年代をはじめ、中学生や小学生にも、活動する人々がいることを知った。便利な世の中だ!

その後一緒にさまざまな活動をしていく仲間たちとも、インスタグラムを通じて出会った。初めて仲間に誘《さそ》われてやったのは、地方議会選挙のポスター貼《は》り。半年ほどDMだけでやり取りをしていた仲間ともここで初めて会った。いつも通学の傍らに一瞥《いちべつ》するだけの候補者ボードを、この日はポスターを抱えて駆《か》けずり回った。今までこのポスターがこうして各候補者を支援《しえん》する人々によって準備されることとさえ知らなかった(恥《は》ずかしながら、専門の業者がいてその人たちが準備するのかな……、などと勝手に想像していた)。実は大きさも、ポスターを貼れる場所も、貼りはじめていい時間もすべて細かく法律で決まっている。区議会というと小さな単位の選挙に聞こえるけれど、休日の丸1日を費《つい》やすような活動に支援者が集まってくるのを見て、知られざる社会の一端《いったん》を目の当たりにし、政治に対する人々のうねりを確かに感じた。

その後も微妙《びみょう》にメンバーを変えながら、そして徐々にその参加数を増やしながら、10代、20代の政治仲間とともにチラシ配りをしたり、国会議員を訪ねてみたり、国会ツアーを企画してみたり、仕舞《しま》いには地方の知事選挙にまでもみんなで遠征《えんせい》に行くほど、政治の世界に浸《つ》かってみた。

どこに行っても若者が10人近く集まり政治に参加する姿は珍しく、選挙のお手伝いの最中なども周りの支援者や地元の方々にたくさん助けを借りた。その光景を不思議に思って近寄ってくる若者や子どももいて、少し話した後に彼らが納得《なっとく》した顔で帰って行くのを見るたび、次第《しだい》に、「伝えたい、伝えなきゃ」という思いが強くなっていった。

若者と政治を近づけるために……

そこで立ち上げたのが「選ギャ」でおなじみの選挙ギャルズ。若者と政治を近づけるために、「小難しい話を並べても面白くない。少しでも若者らしくわかりやすく表現しよう！」や「選挙をフェスみたいに楽しめるものだと伝えたい！」といった思いをSNSの投稿に反映させる形で活動を始めた。

数多くの若者が投票をしないことで若者に優しい政策が生まれにくいこと、実際の投票の仕方・持ち物、選挙ボランティアのやりかた、〝推し〟の見つけ方などのメッセージを独特のデコレーションを加えながら発信した。

特に、自分たちの支持する政党も含め、公開することにはこだわった。政治と若者を繋ぎたいと言っても投票の仕方や投票率の低さを訴えるだけでは実態がつかめず、ある政治的立ち位置を示すことで政党や候補者を現実的に見つつ「セイジ」を知ることができると考えたからだった。

政治の世界に「中立」はあり得ない。それによってネットという匿名《とくめい》社会での攻撃《こうげき》に少なからず晒《さら》されることが予想できたが、それでも言葉だけの中立に止《とど》まって思考停止することはしたくないという覚悟《かくご》があった。

最後に……、私たちの仲間はたくさんいる

こうした活動を通して感じた日本の政治の難しさは、やはり日本における政治の特殊《とくしゅ》さと位置づけの難しさだ。

前述しているが、「政治」と関わることが大事《おおごと》すぎてしまうのがこの日本だ。学校や会社で友だちや同僚《どうりょう》に話すことも憚《はばか》られるし、そもそも議論するには一定の知識がないと話してはいけないというような雰囲気が社会に広がっている。だからきっと何かを感じていても何から始めていいのかわからない人がいっぱいいるはずだ。

教育の場面でも「中立」でなければいけないことが足枷《あしかせ》になり、先生たちにはせめて知識を並べるしか手立てがない。模擬選挙を行ったり、実際に政治的提言をしたりするフィンランドのよ

うな主権者教育を行うなど到底《とうてい》教育委員会が納得しないだろう。

でもこのままでは、政治参加はさらにアンバランスなまま、市民一人ひとりが政治に参加することで成り立つ民主主義も不安定なままになりかねない。本当は友だちのお母さん・お父さんや、校長先生や大学生が選挙に出ても不思議ではないし、むしろそんな風に政治を捉《とら》えられる社会でありたい。

対立する政党を支持していても、互《たが》いのいいところや悪いところについて議論し合える大らかさを持っていたい。国会でも野党と与党の対立ばかりが起こるのではなく、その政策は社会に必要なのか、どこに問題点があるのかを軸に話し合ってほしい……。

選挙ボランティアとして地域の方と対話

これまで一方的に日本の政治やそれに向き合う私たちの限界、問題点そして私なりの政治との関わり方を書いてきたが、最後に伝えたい。

若者が絶望的に選挙に足を運ばない社会だが、同じ志を持った仲間は探せば意外とたくさんいる。投票率が低いということはつまり、これから意志を持ち1票に変わっていく眠《ねむ》れる獅子《しし》たちがたくさんいるということだ。そしてこの本に巡り合ったあなたも、その希望の大切な一部だということを知ってほしい。まずは次の選挙で自分の1票を（もしも選挙権をまだ持っていないあなたは、未来の自分が投票するとしたら）どこの誰に投じるかを、その候補者の政党や経歴、本人の言葉などから真剣《しんけん》に考えることから始めてみてほしい。政治を少しでも理解しようとすることから、政治参加は始まる。

CHAPTER

3

性の不平等をなくすには?

ジェンダー問題

WORLDLY WISDOM FOR 14 YEARS OLD

性的同意の周知

性《せい》被《ひ》害《がい》に遭《あ》って初めて気づいたこと

夏目花（なつめ・はな）

2000年生まれ、千葉県在住。明治大学国際日本学部在籍《ざいせき》。明治大学を出発点に、さまざまな社会問題について学び、発信し、声をあげるEmpower MEiji に所属。

お気に入りのカーディガンを捨てた日

そういえば、今日、あれから初めて、電車に乗っているときに外の景色を楽しめるようになっていた。曇《くも》った夕暮れのグレーがかった青が、大きな水を含《ふく》んだ川と同じ色をしていて、その川の上にかかった橋をわたしとたくさんの人を乗せた電車が駆《か》け抜《ぬ》ける。わたしは電車の中からそれを見ていて、「綺麗《きれい》だな」と思った。

「あれから」というのは、「約3か月前に性被害に遭ってから」。夜19時の最寄《もより》駅から家までの帰り道……。いつもの帰り道だった。お気に入りの、森みたいに木がいっぱいある公園のすぐ近くで……。わたしはまだその公園を通れない。

それでも、わたしはましなほうだった（今はそう思える）。知識があったから、わたしがされたことの整理がすぐついて、すぐ警察を呼べた。家から近かったので、家族もすぐ駆けつけてくれた。警察はわたしを気遣《きづか》って、最低限の適切な受け答えをしてくれたと思う。もちろん、それでも事情聴取《ちょうしゅ》は苦しい。あの人が捕《つか》まってもう誰《だれ》にもそんなことをしないでほしいと思うから、質問に応じるが、できたら記憶《きおく》を反芻《はんすう》させないで、今すぐ忘れたかった。

わたしはその人に触《さわ》られたお気に入りの緑のカーディガンを捨てた。

悪いのは確実に相手の方だ

フェミニズムや、性被害、セクシュアルハラスメントについての知識があると良いことは、そういった被害に自分や親しい人が遭ったときに、自分やその人自身を責めなくて良い点だと思う。きっとみんな、そのことが起きた「原因」をどうしても考えてしまうし、「原因」が自分自身にあると思ったほうが考えやすいからこそ、「肌《はだ》を露出《ろしゅつ》した服装だったから」とか、「夜道を1人で歩いていたから」「あのときイヤホンをしていたから」「電灯がない暗い道を1人で通ったから」

といったことを考えてしまいがちだと思う。

でも「相手の許可なく、体を触《さわ》ることはダメ」という性的同意の基礎《きそ》さえ知っていれば、自分のことは責めなくても良いとわかる。性的同意について知っていたわたしでさえ、その後何かの拍子《ひょうし》にフラッシュバックして辛《つら》くなるたびに、「なんであそこを通ったんだろう?」とか「なんであのとき、女とわかる服装をしていたんだろう?」とかそういったことをどうしても思った。だけど、「いや、でもわたしは悪くなかった。悪いのは確実にあの人だ」と思い直し、心を少しずつ落ち着けることもできていた。

大学生らしいことをしていないコロナ時代

わたしが「性的同意」という言葉を知っていたのは、Voice Up Japan（現在はEmpower MEiji）に所属していたことが大きい。Voice Up Japanは、「声を上げやすい社会をつくる」をメインコンセプトにし、ジェンダー平等を掲《かか》げる団体だ。インターセクショナリティ*1も意識し、さまざまな社会問題に目を向けていること、全国に大学支部があることが大きな特徴《とくちょう》だと思う。

わたしがここに入ったのは、確か２０２１年の２月頃《ごろ》だったと思う。２０２０年に大学生になったわたしはコロナに丸かぶりの代で、１年生の１年間、慣れないオンライン授業を家でゴロゴロしながら受講し、提出物のレポートも精一杯頑張《せいいっぱいがんば》ってみたが、仲の良い人もできないし、家にいてばかりで新鮮味《しんせんみ》もないし、「なんだか大学生らしいことをしていないな」と思い、サークルを少しずつ探し始めた。

最初はボランティア系のサークルを見ていたが、たまたまVoice Up Japan Meijiを見つけ、移民・難民のことをインスタで取り上げているのを見て、「ここだ！」と思い所属することに決めた。

難民の問題には中学生くらいの頃から関心があった。テレビの難民についてのドキュメンタリーの中で、大変な中で暮らしている同世代の子を見て「なんでわたしはここでぬくぬく暮らしているんだろう。わたしがここで教育を受けて、幸せに暮らしている分、将来この人たちに何かしなきゃいけない」と本気で思っていた。そんなことを言うとわたしの母からは「海外に行かなくても日本にも困っている人はたくさんいるんだよ。なんでわざわざ海外に行くの？」と言われた。

大学での活動の様子

「確かにそうなんだけど、でもなんかムカつく」と当時は感じていた。ムカつくのはだいたい図星のときというのは、この世の真理。今から思えば、母の言葉にムカついていたのは多分、日本の中の困っている人を、当時は本当の意味では「知らなかった」からだと思う。

今は、親が離婚《りこん》したことや、母と弟が病気になったことなどを通して、生きづらさとも呼べるような苦しみを直接的に、母や弟の経験を通して間接的にも経験して、次第《しだい》に日本の現状にも目が向くようになったと思う。

それに何より、Voice Up Japanに入ったことがきっかけで、大学でもジェンダーやセクシュアリティ、女性差別の問題などに注目して学ぶようになってからは、今まで「女性」として育てられてきた一人として、自分が当事者性を持っていることに気がついた。

小さな頃から始まっている女性差別

Voice Up Japan Meijiのメンバーと女性差別の問題を勉強し、それについて話し合うとき、わたしは「まだ大学生だから、女性差別を多くの人が体験したことがない。本当に差別があると体感できるのは社会人になってからだ」とよく話していた。これはある意味では間違《まちが》っていない。社会に出るときになって、女性の仕事のしにくさや自己実現の選択肢《せんたくし》の少なさが際立《きわだ》ってくる。そういったことに影響《えいきょう》を受ける人数は、性被害を受ける人数よりも断然多くなるからだ。でも、自分が性被害に遭って初めて、「女性差別は小さい頃から始まっていたんだ」と思った。

例えば、小学生のとき、周りの男の子たちより門限が早かったこと。わたしはまだ一緒《いっしょ》に遊びたいので、ルールを破って男の子たちの門限まで一緒に遊んで、日が暮れてから帰ってきてこっそり家に入ると、だいたい母に見つかって、すごい剣幕《けんまく》で怒《おこ》られたりした。それを「うちの親は過保護ですごくうざい」と思っていた。

高校生の時、1人旅や1人で山に行くのを反対されたり、地方の大学に進むのを反対されたりもした。わたしはいつも、親の干渉《かんしょう》が少なく外で自由に行動できる男の子たちが羨《うらや》ましかった。

大学生になってだいぶ親の干渉は減ったけど、友だちの家に当日急にお泊《とま》りをする男友だちを見て、わたしの家では無理だなと思った。少なくとも1週間前から母に予告して、2日おきには伝えて、わたしが友だちの○○とお泊り（または旅行）をする事実に少しずつ慣れてもらう時間を取らなきゃいけない。親が娘《むすめ》に干渉するのは、社会状況《じょうきょう》を鑑《かんが》みているわけで、それで娘が不自由を感じていたら、それも男女差別と言えるかもしれない。

母親の過干渉の背景にあったもの

わたしの母は、小学生くらいの頃に街中で知らないおじさんから突然《とつぜん》タバコを腕《うで》に押《お》しつけられた経験があることや、大学生くらいの歳《とし》のときに、ストーカー被害に遭ったことがあることを割と最近になって、ぽつぽつとわたしに話してくれるようになった。それを聞いてしまうと、そういった苦しい自分の経験から、わたしのことを心配して、過保護と思うくらい干渉してきたんだろうと納得《なっとく》してしまう。

あんなに過保護な母が嫌《いや》だったのに、自分も性被害を受けてしまった今、もし娘ができたら過保護になるだろうなとさえ思えてしまう。性被害を受けて、近い将来のプランをぐちゃぐちゃにされて、日常をこなすのが大変で、その被害を男性が受ける確率が低い、怖《こわ》がらなくていいというだけで、男性は特権を持っていると言えるだろうとも思う。

性被害に遭ってからの回復は大変なこと

性被害は自分の人生が止まってしまうような経験だった。1週間くらいは毎日泣いていたし、近所を車で通るときもあの人がいるんじゃないかと思って怖かった。電車に乗って、ちょっとでも人が自分の体に触《ふ》れるのが怖かったから、都内の大学に通うのも一苦労だった。けど、わたしは回復が比較的《ひかくてき》早い方だったのではないかなと思っている。

それは自分が所属している Voice Up Japan Meiji の人たちに、性被害に遭ったことをすぐ報告できて、しっかり休ませてもらうことができたことが大きい。

みんな、ハラスメントや性被害についての知識があるので、ひどいことを言ったりはしないと確信できるから安心して伝えることができる。報告した後も、腫《は》れ物に触れるような感じではなく、みんなただサポートしてくれるように側《そば》に居てくれた。何より1人で抱《かか》え込《こ》まずに誰かに「今、辛いんだ」と言えると、それをみんなが把握《はあく》してくれているというだけで安心感があるし、突発的に苦しくなって活動を休みたいときにも助けを求めやすかった。

そういう環境で自分のペースを守りながら、守ってもらいながら、日々の生活を少しずつ取り戻《もど》していく時間をとって、やっと回復してきたなと思えた。絶対誰も性被害になんか遭わないほうがいいのはもちろんなんだけど、それでも周りに性被害や性的同意についての理解がある人がいるのは本当に大切なことだと思う。

自分がこういったコミュニティに所属していたことはとてもラッキーなことだったと思うからこそ、性的同意という概念《がいねん》やフェミニズムをもっと多くの人に知っていてもらいたいと思う。これからも、そういったことを広める活動は細々とでも続けていきたい。

ということで、急だけどその一環として最後に「あなたもアクティブバイスタンダーになろう！」のコーナーを作ってもらったよ！　アクティブバイスタンダーになることも、署名と同様に小さな、でも大きな影響のあるアクティビズムの1つです。ぜひ見ていってね。

アクティブバイスタンダーって何？

日本語で「行動する傍観者《ぼうかんしゃ》」。

例えば、飲み会で誰かがお酒を強要されているのを見かけたときや電車内や住宅街で痴漢《ちかん》を目撃《もくげき》したときなど、ハラスメントを目撃したとき、何もせず見過ごすのではなく、何らかの形で被害を防ごうとするのが「アクティブバイスタンダー」です。

アクティブバイスタンダーになるための5D

●Distract／注意をそらす

ハラスメントと関係ないことを始めることで、ハラスメントをさせない状況を作る。

例えば「○○駅までの行き方を教えてください」と声をかけるなど、ハラスメントに関係のない話を始めて、加害者を輪に入れない。

自分の物をわざと近くで落として、拾ってもらうなども有効。

●Delegate／第三者に協力を求める

近くの人や、その場での権力・責任を持っている人（レストランのオーナー、駅員、先輩《せんぱい》、先生など）を見つけて、状況を伝え介入《かいにゅう》してもらう。

自分一人で対処することが難しいと感じた場合は、第三者に状況を伝え協力を求めましょう。

●Document／証拠《しょうこ》を残す

映像・写真などの証拠を残しておくと被害者の助けになることがある。

【撮影《さつえい》のポイント】
・自分が安全な場所にいることを確認《かくにん》。
・場所と時間がわかるように撮影する。
・被害者から目を離《はな》さない。
・動画や写真をどうしたいかは被害者に聞く（勝手にＳＮＳに載《の》せない）。

●Delay／後からでも行動する

ハラスメントの現場が落ち着いてから、その人にどうサポートできるか聞く。

後からでも、ハラスメントを経験した人に「何かできることはありますか？」と聞くだけでも助けになることがあります。しばらく一緒にいたり、ハラスメントを受けた人が不安を感じる場合には目的地まで同行したりすることも選択肢の1つです。ただし必ず許可を得てから行動するようにしましょう。

●Direct／直接介入する

ハラスメントをしている人に対して、それがハラスメント行為《こうい》であることを簡潔に指摘《してき》する。

自分とハラスメントを受けている人の安全が確保できているときに、直接介入する選択肢を取りましょう。状況をエスカレートさせないように「それはハラスメントですよ」などと簡潔に指摘し、すぐにハラスメントを受けている人に声をかけ、ハラスメントをした人から遠ざけましょう。

＊1 インターセクショナリティ：人種や階級、ジェンダー、セクシュアリティ、国籍、世代など、様々な差別の軸が組み合わさることによって発生する抑圧の状況。また、それを見える化する概念。交差性とも。

フェミニズム

〝性〟という概念の輪郭《りんかく》を捉《とら》えることを拒《こば》むこの世界で

中村京香（なかむら・きょうか）

2004年生まれ。横浜国立大学3年生。CLEA.株式会社代表取締役。高校時代に「NGO団体 imi（イムアイ）」コアメンバーとして活動。過激だと誤解されがちなフェミニズムの優《やさ》しさを伝え、DEI啓発《けいはつ》に取り組んできた。現在は、様々な企業での勤務を経て、総合型選抜に特化した予備校「Blue Academy」を経営。

そこら中がエロの国、日本

都会では〝性〟の残り香が、私たちのすぐそこに、どこにでもある。

18や19歳《さい》という年の大抵《たいてい》の人間は、セックスもキスもするだろう。そこかしこで、クズな異性や元恋人《こいびと》に関する談話が楽しげに増えてくる年齢《ねんれい》だ。私は一切《いっさい》の興味もないが、大学入学後の新《しん》歓《かん》や飲みサーの〝ノリ〟とやらは凄《すさ》まじいスピードで、青少年の貞操《ていそう》を奪《うば》い去るビッグウェーブでもある。そうやって若者たちは、身内で性的資源の需要《じゅよう》と供給を埋《う》めあっているのだから、近頃は高校生のパパ活やママ活ですら、自然に新宿の椿屋珈琲《つばきやコーヒー》の一角で成立してしまうのだろう。

ただし、その〝性〟の存在は、常に、私たちの自己犠牲《ぎせい》、そして私たちを軽《かろ》んじる目線と、セット売りだ。

高校生。

学校での性教育が乏《とぼ》しくても、ネットで生殖《せいしょく》について知ることができる今。

そのうちに、アフターピル*1を飲む友だちが周囲にポツポツと存在しはじめ、少女たちはセックスは不平等な娯楽《ごらく》だと知るのだ。私たちの身体《からだ》は、弱く、自らの身体は、自らで守るしかないものだと、いつの間にか自覚を迫《せま》られる。

妊娠《にんしん》をしても、すべての責任を負うのは結局自分だけなのだと知る。なぜこんなに緊急避妊薬《きんきゅうひにんやく》が高額なのか、なぜ堕胎権《だたいけん》が認められないのか、と絶望する。生理用品に軽減税率が適用されないこの国の実態に、愕然《がくぜん》とする暇《ひま》すらない。

大学生。

そろそろ就活を始めるならば、男女の賃金格差、妊娠出産に対する福利厚生《こうせい》対応、就活でのルッキズム。

多くのことに苦しみ、大抵この頃には私たちは「女」として生きる不条理を知覚する。意見や主張を「女性として」求められる機会が増え、それらに表立って抵抗《ていこう》することに恐怖《きょうふ》を感じさせられる。男尊女卑《じょひ》の染《し》みついた（男）社会で食べていく覚悟《かくご》をすることは、果たして22歳やそこらの子どもに毛が生えたような青二才の義務であるべきなんだろうか。

そのうち、結婚適齢期（皮肉である）。

もはや稼《かせ》げる女性に生活保障のための結婚など必要ない。

子どもが欲しくたって多様な選択肢がある。それでも「まだ結婚しないのか」と迫られ、田舎《いなか》では奇人《きじん》だと噂《うわさ》され、独身女性はいつも何か精神的な問題があると思われている。自分で自分の子宮をどう使うかを決めただけであるのに。婿入《むこい》りや夫婦別姓《ふうふべっせい》を望めば、お前は可笑《おか》しく勝ち気な女だというレッテルを貼《は》られる。

街を歩けば、風俗《ふうぞく》やソク抜きVRスペースの広告で都心は溢《あふ》れかえっており、露出した女性のしみったれた広告は、コンビニと対バンできるほどの進出具合だ。男性版のそれは稀《まれ》であるのに。

高校の教室で男子生徒は面白《おもしろ》い寸劇だとでも言うようにAVを見る。

痴漢防止の電車内ポスターは「気をつけろ」と女性に注意喚起《かんき》をする。

ヒーロー映画に登場する女性キャラは、ほんの数年前までは、セクシー秘書か、主人公の古くからの可愛《かわい》い幼馴染《おさななじ》みだけで、男女の友情だった関係性が、15分後にはスクリーン上で、初恋のキスを通じて性愛にいつの間にか成り代わっている。大抵の女性の躍進《やくしん》はポリコレ[*2]や、弱者配慮《はいりょ》の最果てとして、アファーマティブアクション[*3]だと揶揄《やゆ》されてしまう。

何が言いたいのか。

悔《くや》しいことに私たち（女たち）は常に性的な存在だと、

性的なモノなのだと、

社会にそう解釈《かいしゃく》されているのだ。

そして私たちはその事実を注意深く理解し、〝上手〟に適応せねば村八分にあう。ただ、そのことが途方《とほう》もなく悲しい。

自称《じしょう》、普通《ふつう》の女です

私の内面に宿るこの際限のない怒《いか》りをしたためる前に、素性《すじょう》を少しだけ話そう。

参観日には母親たちの8割がクロコダイルのバーキンを持ち、学校の正門前に古今東西の外車で我《わ》が子を迎《むか》える。私は、そんな生粋《きっすい》のお嬢様《じょうさま》学校である地元の私立幼稚園《ようちえん》から私立小学校へと順当に進学して育った。

当然のように学年の99パーセントが年収1000万円以上世帯しか受けられやしないとされる中学受験を通り、地元随一《ずいいち》の中高一貫校《いっかんこう》に合格。高校はニュージーランドの現地校を卒業し、飛び級で帰国。高校2年生から小さな広告代理店でインターンを始め、大学生の頃にはＩＴベンチャーやコンサルでフリーランスのプロジェクトマネージャーとして勤務。現在は国公立大学の3年生として学業に励《はげ》みながら、起業し、大学受験の予備校経営を細々とやっている。

この鼻につくプロフィールだけを読めば、私が資本主義的な経済的強者の下《もと》に生まれたある種の勝ち組のように見えるかもしれない。努力せずぬくぬくと生きていても、ママやパパがブランド物を買ってあげていそうな人物像らしすぎて、失笑されるかもしれない。

土日はとりあえず表参道で2500円はするランチを平気で食べていそうな大学生、起業家を自身の代名詞でありアイデンティティだと勘違《かんちが》いしたい若者、そのようにも見える。

しかし、現実はそこまで都合がよくは行かないものだと、私自身の出生や経歴が、最も象徴している。

お嬢様学校に通ったといえど、生まれは鶴橋《つるはし》という大阪市内屈指《くっし》の治安の悪さを誇《ほこ》るコリアンタウンだ。父は中卒から成り上がった建築系ドカタの在日コリアン。そんな父と、父に迎合《げいごう》するヒステリックな母の下で、過剰《かじょう》ともいえる家庭内暴力の中、5人兄弟の長女として育った。

小学4年生の夏休みの宿題は、激昂《げきこう》した父に破り捨てられ、持ち家の階段の上から下まで、足をつかんで引きずられ、足の皮はよくズル剝《む》けで、母のコンシーラーで痣《あざ》を隠《かく》して学校に通った。酷《ひど》いADHD持ちの私は、荒《すさ》んだ家庭環境のせいもあり、気が強いはずなのに小心者。日本の高校は同期の女子からの嫌がらせや風評被害に耐《た》えかねて、自主退学した。

半年早くニートになった私は、留学準備という名の下でバイト三昧《ざんまい》の高校1年を過ごした。高校の文化祭も卒業式の涙《なみだ》も知らない。海外の高校を飛び級はしたけれど、現地日本人の当時の元カレにこっぴどくフラれて、同じ街にいられないとばかりに早期帰国した。彼《かれ》とできるだけ長くいるために、と難関私立大学の出願をほぼすべてとりやめていたのに、第一志望のオンライン面接で号泣《ごうきゅう》。あっけなく不合格だった矢先に仕方なく出願した横国に受かったから進学。

大学1年で新卒以上の報酬《ほうしゅう》がもらえた新進気鋭《きえい》のベンチャーは、後に離婚することになるクズ男との関係性で心理的に疲弊《ひへい》し、躁鬱《そううつ》・拒食《きょしょく》・不眠《ふみん》のトリプルコンボで飛んだ。

やっと、お金も、心も、落ち着いたのは地に足をつけて、起業したつい最近のことだ。と思いきや「二度と帰ってくるな」と離婚や虐待《ぎゃくたい》に関する私の啓蒙《けいもう》・発信が気に食わない母から怒号《どごう》の電話があり、つい先日完全に勘当された。ちなみに、両親は『昼顔』なみのダブル不倫《ふりん》で中学3年生の頃に離婚。父は知らぬ間に最近再婚したらしい。

だから、私に世間的にはそれらしい学歴や、職歴があったとしても、それなりに（元）実家には、少しばかりお金があったとしても、慶應幼稚舎《けいおうようちしゃ》からサクセスコースを渡《わた》り歩いていた東京における人生の成功事例のような、豊かな人生の余白はない。強い韓国《かんこく》的な儒教《じゅきょう》*4と家父長制*5・足の皮がズル剝けになるほどの虐待の下で生き抜いた身としては、軽率《けいそつ》に「普通の家庭がよかったなあ」なんて言いたいところだ。

1000万円もかけて留学に行かせてもらえた。
中学受験だってした。
大学にも通えている。
経済的に早期にそれなりに自立している。

それでも、どれほどの成功や自己承認をもってしても、彼らからかけられた「死ねばいい」という言葉の数々と、その直後に「お前が悪いけど、大切な娘だから愛している」といった歌舞伎《かぶき》町《ちょう》の売り掛《か》けホストも目玉が飛び出るクズ発言が交錯《こうさく》する矛盾《むじゅん》とその記憶に、今も苦しみ続けている。いつか「殴《なぐ》って、蹴《け》って、ごめんな」とたったその一言を彼らが私に伝えてくれないか、と期待しながら、もう帰る家がない事実に向き合い、年末に迫り来る納税でいくら貯金が消し飛ぶのかとヒヤヒヤする人生を送っている。

19歳。
大学2年生。
小さな予備校の経営者。
生粋のフェミニスト。
5人兄弟の長女。
在日韓国人3世。
児童虐待のサバイバー。
最近バツイチになった私。
中村京香。

そういう私が、この世界で〝ただ普通の女〟であり続けることが、どれほどに困難なのか、と怒りで震《ふる》えが止まらない。

私たちも話をしよう

このような哀愁《あいしゅう》溢れた自己紹介《しょうかい》をしておいてなんだが、私は、案外、自分のことを「可哀想《かわいそう》な奴《やつ》だ」と思ったことはない。どれだけ殴られても、どれだけの理《り》不尽《ふじん》に遭遇《そうぐう》しても、自分の男の趣味《しゅみ》の悪さに比べれば大抵のことは、まだマシな気がしてくる。それは、自身を慈《いつく》しむ自己愛を忘れたわけではなく、ただ「可哀想になる暇があるなら、働こう」とワーカホリックな気質が弱冠《かん》15歳の頃からあっただけでしかないのだが。

それに、偶然《ぐうぜん》にも人より少しだけ相対的に優《すぐ》れた文才と知性で、経営らしいことができており、大学法人の名の下で多くの社会的責任を逃《のが》れて生きられているだけ、自分はまだ幸運だと思っている。生まれの環境柄、働き、食べていく方法や内在的な選択肢が性産業や低賃金な肉体労働しかないと思わされている人がごまんといるのだから。

だがだからといって、自身が受けてきた仕打ちや号泣してきた数々の履歴《りれき》に対し、無頓着《むとんちゃく》でいるわけではない。

私は常に苦い経験を〝書く〟ことで消化してきた。個人的な日記帳に、父から受けた暴力をいつか裁判所で白日の下に晒《さら》してやろうと書き留めていた文章が、いつしかSNSの発達と並行《へいこう》して、noteへの投稿《とうこう》に変わった。フォロワーは2桁《けた》ほどでPVなんてたいしたこともないただの

個人ブログだが、長らく私の過去の傷跡《きずあと》に対するもっとも効果のあるセルフセラピーの方法として君臨している。

元カレの実家で「お前は魔女《まじょ》だ」と断罪されたこと。

両親から受けてきた精神・肉体加害の数々について。

つまらなかったセックスの感想について。

自身の個人的内省。

これらのことをただ綴《つづ》るだけのこの小さな独白の場が、意外に自社顧客《こきゃく》や周囲の人々から好評を受けている。私の拙《つたな》い文章を読んで、好感を持ってくださる人々がいるのだ。

だが、前述したそれらの私のささやかな執筆活動が、うちの両親からしたら気に食わない。

〝性的なこと〟、〝虐待のこと〟は彼らの言葉を引用するならば、「余計で気持ちの悪いこと」であり、「そっちがやるなら、弁護士でもなんでも使って潰《つぶ》してやる」という事案であるらしい。

だが、前述した通り、この世界はすでに〝性〟に関することで溢れているではないか。

子どもが欲しいと、死ぬまで子宮に受精卵《じゅせいらん》を宿すことがない男性がなぜ軽率に口に出すのか。

どうしてキャバクラには金を払《はら》って行くのに、コンビニで女性に無賃の良い接客を求めるのか。

風俗嬢に「そんな仕事で親が気にするよ」というくせに、なぜ自分の子どもに同じ手で触れることができるのか。

寝取りやレイプといった性犯罪的なAVでどうして強い射精感を得られるのか。

男は昨日のセックスの話をしていいのに、なぜ私たちが話すとふしだらになるのか。

なぜ、忌《い》み嫌《きら》いあっているように見えたうちの両親に5人も子どもがいるのか。

なぜ虐待をするのに子を産むのか。

デキ婚の末に生まれた私が、生きる意味はあるのか。

いつも通り街を歩き、信号を待つ最中の30秒に、不意に自然と湧《わ》き上がるこういった疑問に対し、真っ向から意見し、私見を述べ、ただ普通に語ることが、私たちにはいつも許されない。

性的なことは、悪であり、発育に悪いというわりに、不倫も浮気《うわき》もコンテンツ化されているというこの世の大きな矛盾に、疑義を唱える私のような女は、〝ただ普通の女〟ではなく、〝頭の可笑しなふしだらな女〟であるという。両親から弾劾《だんがい》を受けるほどに。

それでも、私は、〝性〟という概念の輪郭を捉えることを拒むこの世界で……。

ただ、私の話がしたい。

私という女の身体や心が、いかに美しく、愚《おろ》かで、脆《もろ》いのかをいつまでも話していたい。

私たちが月次で耐え忍《しの》んでいる流血の日々について、当たり前のように話ができるべきであり、私たちにだって、性行為の良し悪《あ》しについて赤裸々《せきらら》に語る言論の自由があるべきだからだ。

私のような人間が、自身の少しだけ特異な経験や虐待を乗り越《こ》えようと、もがき苦しみ、さまざまな〝女の癖《くせ》にうるさい〟を許さない輩《やから》への迎合の機会を蹴り飛ばし、ただ1人、電気代の支払いだとか、国保がちょっと最近高いだとか、キッチンの洗剤《せんざい》がなくなったのにそのままであることだとか、そういう日常的な少しの面倒事《めんどうごと》をこなしながら、「この世界における生物学的女性の、本質的な自立とは何か」を、日々模索《もさく》し、その生き様を、誰からの評価や承認も求めずに垂れ流していること。

そして、そんな馬鹿らしい日常の風景を不意に目にし、「私も自分の話をしてみよう、いや、していいはずだ」と思う誰かが1人でもいること。

私は、それこそが、アクティビストと名乗るまでもない、しがないこの1人の女が、この世界で想定外の苦労を強《し》いられて生きている一抹《いちまつ》の意義だと、解釈している。

これが、私にとってのアクティビズムだ。

いつまでも、私が、私を主語にした話をやめない理由だ。

＊1　アフターピル：性行為から72時間以内に服用することで、高い確率で妊娠を回避できる薬。緊急避妊薬とも。

＊2　ポリコレ：社会的弱者への差別・偏見をなくすため、制度や表現を正すこと。ポリティカル・コレクトネスの略称。

＊3　アファーマティブアクション：社会的弱者への差別を撤廃するための取り組みのこと。

＊4　儒教：孔子の思想に基づく教え。目上の人への敬意などを重視する。

＊5　家父長制：男性が絶対的な権限を持って家族を支配・統率する形態のこと。

LGBTQ＋　セクシャルマイノリティのメンタルヘルス

セクシャリティの問題は個人ではなく社会全体の問題

日野原楓（ひのはら・かえで）

2002年生まれ。シスジェンダー／パンセクシャル。ジェンダーやセクシャリティなど性の視点から「一人ひとりが自分らしく生きる」社会を目指すセーフコミュニティ「THE Me」で活動。セクシャルマイノリティの友人の自死をきっかけに、当事者のメンタルヘルスに問題意識を持つ。

恋バナをしたときの戸惑《とまど》った空気

大学の飲み会で、恋バナが盛り上がっていました。周りはいろいろなエピソードを持っているんだな～と感心しつつ、自分の番が回ってこないようにと願いを込めながら話を聞いていましたが、順番がきて、「彼氏いるの？」と聞かれました。普段の私なら「出会いがないの」と話をはぐらかしますが、何だかその日は本心を伝えたくなって「気になっている女の子にかわいいって褒《ほ》められて嬉《うれ》しかった〜」と話してみました。一瞬《いっしゅん》戸惑う空気が流れていた気がしたけれど、私は気にせず話を続けました。

私は、文系の大学に通う4年生です。性自認はシスジェンダー[*1]で、今の性的指向はパンセクシャル[*2]です。学生団体に所属してセクシャルマイノリティ[*3]の抱えるメンタルヘルスの課題を解決するためにできることを考え、活動しています。

性別について考え始めた思春期

早速《さっそく》ですが、皆《みな》さんは自分の性別について考えたことがありますか？　私が初めて性別について考え、周囲の人との違いを認識したのは、中学生のときでした。同性の友人に恋愛《れんあい》感情を抱《いだ》いたことがきっかけです。

私が中学生の頃は、テレビの画面の中でトランスジェンダーやMTF[*4]の方を〝オカマ〟と呼び、〝オカマ〟は面白い人だと笑われることが少なくありませんでした。世の中には男性と女性だけが存在していて、男女が恋愛をするものだと思っていました。テレビの中の当たり前に当てはまらない人は少し変わっている人なのだろう……と。

特に、当時の私は正義感が強く「同性の子を好きになってしまったことは、思春期の気の迷いであって、成長して大人になったら元に戻るはず。将来は異性と恋愛をして結婚するのだろう」

と自分に言い聞かせていました。誰かに相談をして、家族や友人にバレてしまったら、馬鹿にされてしまうのだろうと考えていました。

この考え方は、中学を卒業し、高校へ進学後も変わりませんでした。小さな変化があったとすれば、誰にも見つからない時間を狙《ねら》い、図書館にあるセクシャリティに関する本をコソっと読むようになったことです。書籍《しょせき》やインターネットの情報を通して、女性である自分が他の女性に恋愛感情を抱くのは、おかしいことではないことを理解しはじめました。

けれども、当時は、レズビアンやバイセクシャルであるとカミングアウトをしている人と出会ったことはなく、LGBTQ＋と括《くく》られるセクシャルマイノリティの人と自分は少し違うのではないか、遠い存在だと感じていました。要するに孤独《こどく》でした。

高校生の私も、同性に恋しているのは、まだ幼いからであって、時間の経過とともに、男性に恋愛感情を抱く〝普通の人〟になるはずと思い、誰にも自分のセクシャリティを明かしませんでした。

私の場合、周囲にセクシャリティを明かさずに過ごしていて、違和感を感じたのは友人との恋バナで嘘《うそ》をつく必要があることくらいでした。「彼氏が欲しい」と話す同性の友人と恋愛観や話が合わないことは、高校生ですでに当たり前で、困りごとではありませんでした。

好きな女性に想《おも》いを伝えるために、自分がパンセクシャルであることをカミングアウトするべきか、相手を驚《おどろ》かせないように友人のまま距離《きょり》を保つべきかと悩《なや》んでいる間に、相手に彼氏ができて、自分がアプローチすることなくこっそりと失恋したこともありました（笑）。

好きな人に想いを伝えられずに失恋するのは同性愛者にもそうでない人たちにも起こりうる話ですが、好きな人にアプローチをするために、自分のセクシャリティをカミングアウトする必要があることは当時の私にとっては大きな壁《かべ》でした。

悩みを抱えたままでいた私たち

そんな私が、性のあり方について深刻な悩みを抱えるようになった1つの出来事がありました。高校3年生へと進級したばかり、ちょうど桜が満開になった頃でした。コロナウイルスの感染《かんせん》が広がり、自宅待機をしていたときに、担任から1本の電話が入りました。それは友人の自死の知らせでした。命を絶つ選択をせざるを得ない人の背景には複数の要因があるとされていますが、毎日一緒に過ごしていたはずの友人が悩みを抱えていることにまったく気づけなかった自分に驚きました。

友人を急に失った喪失感《そうしつかん》と、友人の悩みに対してなにもできなかった後悔《こうかい》で押しつぶされそうになる中、たまたまインターネットでセクシャルマイノリティの当事者は、そうではない集団に比べて自死のリスクが高いという報告書を見つけました。実は、友人が亡くなる前の月に「レズビアンである」というカミングアウトを受けていました。

しかし、自分自身が深くセクシャリティに関して悩んでいなかったこともあり、特別な配慮が必要であるとは考えていませんでした。よく表現すると、カミングアウト後も今まで通りに何事もなかったかのように過ごしていました。悪く表現すると、友人とはセクシャリティについて話すことを避《さ》けるように過ごしていました。セクシャリティについて人と話した経験がなく、どう話を切り出せばいいのかわからないし、なにかの手違いで今まで隠してきたことが広まってしまったら怖い……、と思っていたからです。

当事者の自死リスクが高い事実を知った後は、友人のカミングアウトを受けてもそれまでどおりに過ごしたことが、友人の悩みを助長させてしまったと考えるようになりました。自死のリスクを知っていたならば、もっと友人に寄り添《そ》って話を聴《き》いたり、悩みがあるなら大人に相談する選択肢があることも提案したりできたかもしれません。

しかし、当時の私は身近な人の死を経験したことで、精神的に弱っていたので「私が悪かったのかな」「大切な友人を私が苦しめてしまったのかな」と1人で抱え込むことが増えていきました。

自死はセンシティブな問題であることに加えて、私は周囲に自分のセクシャリティをカミングアウトしていなかったこともあり、相談相手も少なく、悩みを抱えたまま、高校を卒業しました。

事業提案コンテストにチャレンジ

そんな私が今、この文章を書くまでに心の整理ができたのは、大学入学後にさまざまな知識を得たことがきっかけです。私が友人を救えなかったと考えてしまう理由は、自分が過ごしてきた

TRP2023プライドパレードに参加してみた

環境が影響していると気づくことができたのです。そして、私と似た境遇《きょうぐう》にいる学生が過ごす環境を変えたいと考えるようになりました。

私は、高校までの経験を通して、自分や友人と同じようにセクシャリティに関する悩みを1人で抱え込む人を減らすため、大学へ入学してすぐに、ジェンダーやセクシャリティについてディスカッションをする「THE Me」という学生団体に加入しました。

この団体では、毎月1つのトークテーマを決めて、その内容に関する意見交換《こうかん》を行っています。私にとっては、ジェンダー問題に関心のある人と意見交換できる時間は初めての経験で、とても新鮮でした。

また、コミュニティ内で話した内容は外には漏《も》らさない、話したくないことは無理をして話す必要はないなどのルールもあり、安心していろいろな知識を身につけることができました。現在もこの団体に所属していて、運営メンバーとして活動を行っています。

この「THE Me」への参加と同時期に、大学の先生の紹介で社会課題の解決を目的とするビジネスである「ソーシャルビジネス」の事業提案コンテストにチャレンジすることになりました。

同じチームのメンバーに、勇気を出して今までの経験を打ち明け、セクシャルマイノリティのメンタルヘルスの問題に貢献《こうけん》できるような提案を行いたいと相談してみました。すると、私の話を聞いた友人も外国にルーツがあるマイノリティとしていじめを受けた経験があったと打ち明けてくれました。

お互《たが》いの想いを形にできるように提案を詰《つ》めていく中で、最終的には、セクシャルマイノリティの学生に向けたWEBメディア「Chillax」を提案しました。WEBメディアには複数のインタビュー記事を掲載《けいさい》し、さまざまな人にアライ（Ally）[*5]であると声をあげていただきました。

私のように、孤独を感じてしまう学生に、アライの存在を感じてもらうことを目標に運営していました。現在は考えを多くの人に届ける難しさを痛感し、「Chillax」の活動は休止していますが、このメディアの立ち上げの際にはいろいろな人たちとの繋《つな》がりができました。

声を届ける、自分と社会のために

私は、この2つの学生団体に所属したことを機に、大きく心情が変化していきました。高校時代までに、私が感じていたセクシャリティに関するさまざまな悩みは、私個人の問題だけではなく、社会全体の問題でもあることに気づき始め、今の社会の現状を、微力《びりょく》ながらも変えていきたいと思うようになりました。

最後に、私はセクシャリティに関する専門家でもなければ、大学で学んでいる分野もジェンダーではありません。しかし、今回このような執筆の依頼《いらい》をいただきました。決して、完璧《かんぺき》な知識を身につけていなくても、今の社会ではセクシャルマイノリティの人権が守られていない！など、社会に声を上げることができると考えています。

私は周囲の人から「LGBTQ+って難しそう」「身近に当事者がいないから、よくわからないんだよね」と言われることもあります。けれども、「難しい・知らない」からと言って、当事者を理解することを諦《あきら》めないでください。

ちなみに、当事者は左利《ひだりき》きの人と同じくらいの割合で存在しています。私もその中の1人です。カミングアウトをせずに過ごす人も多い現代社会で、「セクシャルマイノリティは身近にいない」と自分の存在がないものと考えられるのは辛いことです。最近では、多くの書籍やSNSのアカウントでセクシャルマイノリティについての説明や当事者の想いなどを知ることができます。

この先、あなたがカミングアウトを受けたときのためにも、自分からさまざまな情報を探し、理解を深めて欲しいのです。また、今、この文章を読んで、自分の置かれている状況が辛いと感じる人がいれば、近くの大人やオンラインの相談窓口など、周りのアライを頼《たよ》ってみてください。決して前向きである必要はないけれど、悩みを抱えるあなたが、少しでも心穏《おだ》やかに過ごせるよう祈《いの》っています。

＊1　シスジェンダー：自分が生まれた時に与《あた》えられた性別と同じ性別として自分を認識している人のこと。

＊2　パンセクシャル：人々の性別や性自認に関係なく、その人の人格や個性に惹《ひ》かれる性的指向のこと。

つまり、パンセクシャルの人は、相手の性別が何であろうと、その人が魅力的《みりょくてき》であると感じることができる。

＊3 セクシャルマイノリティ：生まれたときの法的・社会的な性別と異なる性を生きるトランスジェンダーや、同性を恋愛対象とするゲイやレズビアン、どちらも恋愛対象とするバイセクシャルのほか、こうした枠組《わくぐ》みでは表現できない人もいる。こうした人たちをセクシャルマイノリティ（性的少数者）と呼ぶ。日本の場合、学校では1クラスに1～3人はいるとされている。

＊4 MTF：「male to female（男性から女性へ）」の略語。男性の体で生まれたものの、女性として生きることを望む人を指し、トランスジェンダーの一区分とされている。

＊5 アライ：自分はLGBTQ＋ではないけれど、LGBTQ＋の人たちの活動を支持し、応援《おうえん》している人たちのこと。そこから派生して、社会運動全般《ぜんぱん》で当事者を支える応援者を指す言葉としても用いられる。

CHAPTER

4

日本で暮らす多様な人々と共に歩む未来って？

グローバル化と人権

入管問題・難民支援

デモを起こして得た気づき

宮島ヨハナ（みやじま・よはな）

2002年生まれ。国際基督教《きりすときょう》大学4年生。高校の卒業論文をきっかけに入管問題に取り組み、国会前で入管法改悪反対アクションを主催《しゅさい》した。大学では、IRIS（ICU Refugee and Immigrant Solidarity）を通して、食糧支援《しょくりょうしえん》、入管での収容者との面会や入管法改悪に対する発信などを続けている。

おかしいと思うこと

「キーンコーンカーンコーン」

「今日は卒業論文についてリサーチする時間を与《あた》えるので各自で調べてください」

私は都内のインターナショナルスクールに通う高校生。なんとこの高校には卒業論文があるのだ。グローバル問題について調べそれについてレポート、専門家へのインタビュー、プロジェクト、30分間のプレゼンテーションを行うかなり本格的な卒業論文を一学期間でまとめなければいけない。大学受験に追われながらも、卒論のレポートや課題にも追われる日々はかなり忙《いそが》しくストレスのたまるものだった。

授業が始まると私は学校のパソコンを開き、YouTubeで「入管」と検索《けんさく》した。すると、収容者が制圧される動画[*1]が出てきた。ミネアポリスの警官に殺された、George Floydが制圧され、「I Can't Breathe」(息ができない)[*2]と叫《さけ》んでいる姿と重なった。気づいたら私の目頭《めがしら》は熱くなり、頬《ほお》には涙《なみだ》が流れていた。

「こんなことが日本で起こっているの?」

それが私の率直《そっちょく》な感想であった。ショックで数分間私の思考は停止した。日本は平和で安全な国、そんな私の固定概念《がいねん》が崩《くず》れていく瞬間《しゅんかん》だった。

当事者意識の芽生え

インターナショナルスクールに通うというと、多くの人が親に通わされていると思われるが、私の場合は自分が「この学校に入りたい」と思ったからで、親からの勧《すす》めは特になかった。幼い頃《ころ》に見ていた、「High School Musical」がきっかけで、海外の自由な学生生活やミュージカルなどに憧《あこが》れを持ち、中学受験したのだ。その道はとても大変だったが、多くの先生方からサポートをいただいた。私に英語を教えてくれた先生方の1人にカメルーン人女性のマイさんがいた。彼《かの》女《じょ》は、父が保証人をしている仮放免者《かりほうめんしゃ》*3であり、難民申請者《しんせいしゃ》であった。英語を教えてもらったのは実際、数回だったため細かいことは覚えてはいないが、彼女はとても優《やさ》しく、とても穏《おだ》やかだったので難民申請者とはとても思えなかった。

しかし、今振《ふ》り返ってみるとその穏やかさは辛《つら》い経験やトラウマを乗り越《こ》えたからこその落ち着きによるものだったのかもしれない。彼女が乳がんを患《わずら》ったことを父から聞き、「早く治りますように」と祈《いの》っていたが、ある日突然《とつぜん》、彼女は42歳《さい》という若さで息を引き取った。

後に、私は毎日新聞の記事を通して、彼女の状況《じょうきょう》を知った。入管内で「胸が痛い」と訴《うった》えていたにもかかわらず適切な医療《いりょう》を受けられず乳がんが悪化してしまったのだ。亡くなった3時間後に届いた在留資格。これらのことを知り、私は憤《いきどお》りを覚えた。

「もっと早く在留資格が届いていれば」「入管で適切な医療を受けていれば」

彼女の姿が、先生になる夢を持っていたが入管で適切な医療を受けられずに亡くなったスリランカ人収容者のウィシュマ・サンダマリさんの姿と重なった。

この問題について当事者意識（当事者の視点や考えを理解できること）を持つことは難しい。それは、この問題が「外国人」の問題であるから。でも、私にとってその「外国人」とくくられている人々は、私の友人であり、先生であり、頼《たよ》れる大人である。

父が２００９年から仮放免者の保証人であったこともあり、私は幼い頃から仮放免者の方と触《ふ》れ合うことが多々あった。仮放免者の方のお子さんの誕生日パーティーに招かれたり、自慢《じまん》の母国の食事を調理してくれたり。彼《かれ》らは、入管のいう、「不法滞在者《たいざいしゃ》」や犯罪者ではなく、まず、「1人の人間」であり、「母」であり、「家族」であり、「友」であるのだ。

当事者意識、それは、その問題の当事者の気持ちや環境《かんきょう》を理解し、その人たちの立場に身をおいてみて主体的に働きかけることであると思う。私にとって入管問題に対して当事者意識を持てた理由は、仮放免者とこうした関係があったからなのだと思う。

社会の変え方

2022年4月20日

学校のアートの授業で、「#入管法改悪反対」と手書きした黄色の模造紙を作製した。

学校で昼食を済ませた後、電車に乗り国会議事堂前に向かう。この時、初めて国会前に行ったため、周りの警備の人に少し動揺《どうよう》し緊張《きんちょう》した。目的の場所につくと、すでに30人ほどの人が思い思いの抗議《こうぎ》メッセージを持ち、歩道に並んでいた。

想像していたよりも平和的だったので安心したが知り合いはいない。座《すわ》れる場所を探しているとき、大学生らしい女性参加者がいたので近づいてみると、手を振り「初めましてですね」と声をかけてくれたので、隣《となり》の小さな椅子《いす》に腰掛《こしか》けた。彼女は、上智《じょうち》大学4年の川村ひなのさん（23）で、同じように初参加だった。15時ごろに参加し、16時半ごろまでシットインを行った。

この日、初めて毎日新聞の上東麻子《かみひがしあさこ》さんに取材を受ける。新聞記者に取材を受けるのは初めてだったのでかなり緊張した。

その際に自分でもアクションを行いたいとひなのさんに相談すると、このシットインの主催団体であるNPO法人「移住者と連帯する全国ネットワーク」（移住連）に聞いてみるようにと勧められた。

事務局次長の安藤《あんどう》真起子さんと代表理事の鳥井一平さんが会話しているところへ行き、「シットインにきた高校生なんですけど、他にも参加したい友だちがいます。先生にも参加してもらいたいので、週末や夕方、夜の時間帯に開催してもらえませんか」と尋《たず》ねた。シットインは国会審《しん》議《ぎ》にあわせて平日の昼間に開かれていた。

インスタグラムにアクションの写真を投稿《とうこう》し、キャプションに「今日、このシットインに関わることができて本当によかった。もっと同世代の若者にこの問題について知ってほしい。今回の入管法に関する出来事は、国民が重視し問題視すべき問題だと思う。難民であっても外国人であっても、人権は尊重されるべきだし、命ほど大切なものはない。だから、今回の入管法は絶対に許されるべきではない」と書いた。

4月25日

ＢＯＮＤや移住連などの難民・移民支援団体にメールやＤＭを送り、30日のアクションについて告知する。また、関係者から新聞記者を紹介してもらい、30日のアクションの告知のメールを送る。そのメールでは、高校生主催という事実を強調した。自分が目立ちたかったわけではない。

むしろ、入管法改正案に賛成する側もいるため、目立たない方が良いと思った。しかし、「学生」として声を上げることをメディアが取り上げたがることを知っていた私は、その学生という立場を利用することによって入管問題についてもっと多くの人に知ってもらえると思った。

4月26日

毎日新聞の菅野蘭《かんのらん》さんからメールをもらい密着取材を申し出され了承《りょうしょう》する。

30日のアクションのポスターを作り、それをツイッター（現：X）で拡散する。夕方に、特定非営利活動法人移住連と連帯するネットワーク「移住連」の安藤さんと通話し、アクションの説明について、アドバイスを受ける。

4月27日

安藤さんと連絡した際、安藤さんに、ソーシャルメディアに広まるのであれば、ポスターに電話番号とフルネームを入れないほうがいいと勧められたので、名前をファーストネームだけにし、新しいビジネス用Gmailアカウントを作成し、ポスターから自分の電話番号を削除《さくじょ》した。また、警察との対応をしていただくことになる。

4月28日

Voice Up Japan × FREEUSHIKUのスタンディングアクションにて、30日のアクションについて告知をする機会をいただいた。そこで5分から7分のスピーチをした。このような大勢の人前でスピーチをするのは緊張した。

ギリギリまでスピーチの原稿を書いており、ふとその時マイさんのことが頭に浮《う》かび、そのことを書き足した。スピーチをしてマイさんの話題に差しかかった時に、少し感情的になり声が震《ふる》えたが、周りの学生や大人たちは静かに私の声に耳を傾《かたむ》けてくれた。

スピーチが終わったとたん、周りで聞いていた5人の新聞記者やジャーナリストの方々にメールアドレスを聞かれ取材の申し出があった。

デモにて

この日、ツイッターでアクションについて（＃入管法改悪反対０４３０国会前）のハッシュタグを使用し告知した。また、ＳＲＳＧや他の学生団体にもＤＭを送り、アクションへの参加を呼びかけた。また、父が仮放免中の方や弁護士の方とのつながりもあるので、当事者の方や弁護士の方にも呼びかけてもらう。

ツイッターには差別的なコメントもあったが、FREEUSHIKUのメンバーが対応してくれた。また、この時、コロナの状況下でもあったため、万全な対策を整えるためプラスチックの手袋《てぶくろ》や消毒液なども準備した。

4月30日

国会議事堂前にて、17時から18時にアクションを行った。多くて30人と予想していたので、実際には150人集まった時は正直驚《おどろ》いた。当事者の方々、支援団体の方々、Sophia Refugee Support Group（SRSG、上智大学の難民支援サークル）から6人、Voice Up Japanから数人がきていた。私の学校の生徒には行きたいが親が行かせてくれないという子もおり、クラスメイト3人と教師1人が参加した。

大学生や高校生も大勢集まり、交互《こうご》にスピーチを行い、彼女らや彼らの英語から日本語への通訳を父が行った。その間、私は手指消毒やソーシャルディスタンスの呼びかけ、メディアの対応に大忙しだった。

移住連やFREEUSHIKUのメンバーの方にも手指消毒やソーシャルディスタンスの呼びかけに協力してもらい、感染《かんせん》予防に力を入れた。

また、参加できなかった学校の生徒のため、生徒会のインスタグラムを使いライブ配信を行い、当日直接参加できなかった人もオンラインで参加できるようにした。実際、20人ほどの人がオンラインで参加してくれた。

この日、直面した課題は記事に載《の》せる名前の表示の仕方だ。

その過程で私が遭遇《そうぐう》した問題の1つは、個人情報の扱《あつか》いだ。当日、10名から15名程度のジャーナリストが取材や写真撮影《さつえい》を行っていて、そのうちの1人は、私の個人情報をどのように扱ってよいか、私に尋ねてきた。ツイッターでの嫌《いや》なコメントが怖《こわ》かったので、少しパニックになったが、少し考えてみて、「東京の高校に通う高校生のよはな」とすることにした。全体として、すべてが驚くほどスムーズかつ迅速《じんそく》に行われ、このイベントを成功させるために支援してくれたサポーターに感謝している。

5月2日

#JusticeForWishma のハッシュタグキャンペーンをインスタグラムにて始める。移住連さんやFREEUSHIKU さんなどの団体にも協力していただき、ツイッターでも情報を広げる。

Dialogue for People の安田菜津紀《なつき》さんからメールが届き、記者会見に誘《さそ》われる。父にそのことを伝えると、「安田さんはすごい人だよ」と言われ、正直自分でもこのお誘いは驚いたし、嬉《うれ》しかった。

5月18日

入管法改正案のシットインに行こうと思っていた。お昼ご飯中、生徒会の会議が終わった際に、LINEをチェックしてみると、親友から「ヨハ、廃案《はいあん》になったよ！　おめでとう！」と連絡がきていた。はじめは嘘《うそ》のようだったが、一緒《いっしょ》にアクションをしてきた方々からの連絡を見て、本当であることを知り舞《ま》い上がった。

しかし、よく考えてみると、入管はウィシュマさんを見殺しにしたままの入管であり、今の入管法は、本当の意味での国際基準に沿った改正はまだ行われていないことを思い出した。私たちの活動は、実は「これからだな」と思った。実際、入管の問題はまだ終わっていない。

2023年にはまた入管法改定案が再提出され、可決成立した。そのため、入管の問題は変わっていないどころか悪化してしまった。難民申請者を強制送還《そうかん》できるシステムになってしまったのだ。

＊＊＊

黒人に対する差別に対して反対運動をしていた、Rosa Parksさんの「one person can change the world」という言葉は、1人のアクションが世界を変えることができるという意味だ。それは、1人の行動が周りに連鎖《れんさ》していくことで可能になるのではないかと私は思う。ソーシャルメディアでハッシュタグを使った投稿をしたり、私たち有権者ができることは多くあるのだ。

メディアに何度も出演していると、自分が有名になったという妄想《もうそう》を抱《いだ》くようになり、やがてもっと有名になりたいという欲望が自分を蝕《むしば》み始め、自分が誰《だれ》なのか、なぜこのプロセスを始めたのかという目的を見失い始める。あるラジオに呼ばれて講演したとき、ある人から「これは自己満足のためなのか」と聞かれたことがある。

また、オンライン記事のコメントでは偽善者《ぎぜんしゃ》呼ばわりされたこともある。私のしていることは自分のためにやっているように見えるだろうか？　実際、周りから見ると私のしていることは自分のためにやっているように見えたかもしれない。そのとき、私は一旦《いったん》立ち止まって、なぜこのようなことを始めたのかを思い出す必要があった。

それは名声や人気のためではなく、正しいことのためだった。不正のすべてを知り、人々が苦しんでいることを知った時、私は黙《だま》って不正を見過ごすことはできなかった。もしかしたら正しいことをすることは自らの自己肯定感《こうていかん》を上げるためであったかもしれない。でもそれはそれで良いことなのではないだろうか。人間は「人」という漢字にもある通り、助け合って生きていく生き物であるから、人を助けたときに気持ちが良いのは当然のことなのだ。しかしそれは、憐《あわ》れみとか独善とか、そのようなことではなく、正しいことをしたためだ。

「正義」の定義は人によって違《ちが》うかもしれないが、私にとって「正義」とは公平に扱われることである。平等は「equality（個人の違いは視野に入れず、すべての人に同じものを与えること）」ではなく、公平、つまり「equity（個人の違いを視野に入れて、目的を達成するために適切なものをそれぞれに与えること）」であることを求めていくべきである。equityを得てこそ、皆《みな》同じ景色が見られるのだ。

なぜ人々は公平に扱われるべきなのか。それは、私たちは皆平等であり、同じ尊厳と尊敬を受けるに値《あたい》するからである。

忍耐《にんたい》強く仲間と手を取り合う

なぜ世界はこんなにも不公平なのだろうと思うことが多々ある。なぜ生まれた場所や境遇《きょうぐう》が、私たちの人生の運命の多くを決めてしまうのだろう。だからこそ、特権を持つ者は、その特権があることを認識《にんしき》し、声を上げられない者の代弁者とならなければならないと思う。

しかし、声を上げ、アクティビストとしての肩書《かたが》きをつけられ、メディアに一度顔や名前を出すこと、それはさまざまな機会や新たな出会いの扉《とびら》を開けることもあるが、その一方で良いことばかりではない。インスタグラムやツイッターで情報発信していた私は、常に情報発信しなければというプレッシャーを自分にかけてしまい、最後には燃えつき症候群《しょうこうぐん》になってしまうこともあった。

特にひどい時は、1か月近くインスタグラムをみることもできなかった。それは、アクティビストやソーシャルワーカーの多くが通る道である。

この経験を基《もと》に気づいたことは燃えつきた後に対処するよりも、燃えつきる前にセルフケアをすることの重要性だ。辛くなったら周りに頼り、そして自分1人の時間や、趣味《しゅみ》の時間や家族との時間を大事にすること。

声を上げても何も変わっていないと思い無力感にかられた時、父は私にこう言った。「入管の問題は1、2年で解決できる問題ではない。だから、大切なのは、焦《あせ》らず一歩一歩自分のできることをすることなのだ」と。これは、入管問題だけでなく気候変動や入試問題にも当てはまることだ。1人でもがき、声を上げてもいつかは限界が来る。

では私たちはどうしたらいいのだろうか。これは私がもっとも苦手なことだが、忍耐が大切である。忍耐強く、仲間と手を取り合って equity の実現のために声を上げること。それが私たちにできることなのだ。

＊1 TBS NEWS DIG Powered by JNN「【news23】衝撃《しょうげき》の内部映像、収容者〝暴行〟入管施設《しせつ》で何が？」

＊2 The Telegraph「'I can't breathe:' Death of unarmed black man George Floyd leads to firing of white police officers」

＊3 仮放免者：入国管理局での収容から仮放免制度により一時的に放免されている人。しかし仮放免中には働くことも禁止され、医療保険もなく、移動が制限されるなど、とても生きづらい環境に置かれている。

多様なルーツを持つ人たちへの差別問題

「ミックスルーツ」の私が日本で暮らすこと

三浦アーク（みうら・あーく）

2003年生まれ。東京都出身。アフリカンユースミートアップ代表。東京オリンピック聖火ランナー（渋谷区《しぶや》）。共同監督《かんとく》作品『アーク&マヤ：All Mixed Up』は東京ドキュメンタリー映画祭2021で上映された。2022年には、監督を務めた映像作品をTUFS Cinemaにて上映。

中学時代にしていたちょっとしたこと

「本当の友だちとは？」、「自分の事に対してどう思うか？」、「なぜ人は他人をいじめるのか？」

これらは、私が中学生であった頃、友だちに聞いていた質問です。友だちと聞くと、一見同じく10代の友だちを想像するかもしれませんが、実際は30代から50代の、性別も国籍《こくせき》もそれぞれ異なる友だちでした。週末になると、私の家にその「友だち」が集まり、お酒やおつまみを添《そ》えたテーブルの周りで、哲学的《てつがくてき》な対話をするのです。これを私たちは「哲学ナイト」と呼んでいました。

ウガンダと日本のミックスルーツ

私は、ウガンダと日本のミックスルーツで、東京で生まれ、小学6年生のときにインターナショナルスクールから日本の地方の学校に転校しました。転校当初は、大勢の児童たちと外見が違ったので校内でジロジロ見られたり、「アメリカ人」と指を指されて言われたり、クラスメイトからも名前ではなく「黒人！」と言われることもありました。

私はもともと、運動はそれほど得意ではないけれど、「黒人＝身体能力が高い」という先入観のあまりに小学校の体育では足が速いことを期待されたり、中学校ではバスケットボール部へ入部することを期待されたりして、本当は芸術が好きなのにもかかわらずバスケットボールが上手《うま》いるなど、スポーツができないのに頑張《がんば》って黒人のステレオタイプ*1にあてはまろうと努力しました。

しかし、いじめや厳しい上下関係も相まって、徐々《じょじょ》にメンタルを病《や》むようになっていきました。

こうした状況で感じた孤独《こどく》から、人との関わりや自分自身について考えた末に湧《わ》いてくる疑問がたくさんありました。冒頭《ぼうとう》で挙げたような質問を大人の友だちにぶつけることで、大人にも、言葉に詰《つ》まって回答ができない質問があることを知りました。

また、家族や友だちには積極的に相談できない、アフリカにルーツを持つ「ハーフ／ミックス」としての悩《なや》みもありました。そんな中、私は中学を卒業し、高校生になったときにあることを思ったのです。「今度は（自分自身と同じく）アフリカにルーツを持つ若い人たちと、同じく哲学的で、踏《ふ》み込《こ》んだ対話ができないか」と。

高校入学の前の春休みに、私は六本木で行われたアフリカ関係のイベントで、NPO法人アフリカ日本協議会（AJF）の津山直子《つやまなおこ》さんと出会うきっかけがありました。

AJFは、取り組みの1つとして在日アフリカ人と日本人のパートナーの方との間に生まれた「ハーフ／ミックス」のお子さんに向けたイベントなどを行っています。特に日本で「ハーフ／ミックス」として生活するお子さんが自分のルーツに自信を持ち、アフリカ文化にも触れる機会を作るために、アフリカンダンスクラス、ヘアケア講座（髪質《かみしつ》がカーリーヘアで、一般的《いっぱんてき》に日本で想像される髪質と異なる子が多いため）、サマーキャンプなどのイベントが、「アフリカンキッズクラブ」（AKC）という名で行われてきました。

津山さんと出会い、そして兄がもともとアフリカンキッズクラブでインターンをしていたこともあり、AKCのイベントへ私自身も参加することになったのです。

「ハーフ」は日本と外国にルーツを持つ人たちのことを指し、日本では「ハーフ」という言葉が一番浸透《しんとう》していると感じます。また、現時点（2024年8月）では、「ミックス」や「ミックスルーツ」という表現も増えているような気がします。

ハーフは「半分」という意味を指すため、それを好まず、「両方」というニュアンスで「ダブル」という表現を好む人や「混ざった」というニュアンスで「ミックス」という表現を利用している人もいます。私自身は、小さいときから自分を「ハーフ」だと思い、この表現を使ってきましたが、最近になっては「ミックス」という表現を使うことが多いです。しかし、私はあくまでも日本生まれ日本育ちの「日本人」なのです。

戦後の日本では「混血児」や「あいのこ」という表現が主に使われていましたが、時代とともに差別的なニュアンスが含《ふく》まれ、60年代からは「ハーフ」が使われるようになり、今また新たに「ミックス」や「ミックスルーツ」などの表現が使用されています。*2 時代によって、呼び名が変わっているため、どの表現が適しているのか、個人的には悩むのですが、これ以降の文章では「ミックスルーツ／ミックス」を使用し、また、具体的にアフリカにルーツを持つ人たちを指すときには、「アフリカンルーツ」という表現を使用させていただきます。

アフリカンユースミートアップを開催!

AKCのイベントに参加して、私は生まれて初めて、自分とバックグラウンドが近い、参加者の大多数が「アフリカンルーツ」の子どもたちと一緒になる機会ができました。幼児から小学生までの子どもたちが、一緒に遊んだり、楽しんでいるのを見て、とても新鮮《しんせん》な気持ちでした。当時小学生であった弟も一緒に参加したのですが、明らかに笑顔など顔の表情が普段《ふだん》と異なり、同じ見た目、バックグラウンドの人たちと集まることの大切さを感じました。しかし、私は参加している子どもたちより年齢《ねんれい》が少し上であったので（当時は15歳でした）、もちろん同じバックグラウンドではあったけれど、10代や20代のアフリカンルーツの人たちと「哲学ナイト」で行っていたような深入りした話がしたいと思い始めました。２０１９年7月、アフリカンキッズクラブで予定していたイベントが中止になり、空いた会場を好きなことに使ってもいいと津山さんから連絡をもらいました。このことがきっかけで、10代、20代のアフリカンミックスの人たちが集まれる、第1回「アフリカンユースミートアップ」（AYM）を開催しました。

「ミートアップ」とは、英語で気軽に集まるという意味合いで、最初の会はほとんど身内で声をかけた参加者ではありましたが、ダンスをしたり、気軽な会話を楽しんだりしました。

また、8月にも都内の会議室を借りて、第2回のミートアップを開催しました。そのときは、ちょうど男女比が同じであったので、アフリカンルーツであることの、男性であるケースと女性であるケースでどう経験が異なってくるのかについて話し合いました。

男子であり、運動ができると「かっこいい」と憧れの対象になる一方で、女子は日本で恋愛《れんあい》対象になかなか見られなかったり、「白」色の肌《はだ》やヨーロッパ系統の特徴《とくちょう》が良いとされる中で、頑張ってカーリーヘアに縮毛矯正《きょうせい》をかけたり、「美の基準」にあてはまろうとする現実があることなど、今までの日常で私自身話したこともないトピックがありました。特に、アフリカンルーツとして、「外見」の悩みは幼少期から抱《かか》えてきたものの、誰にも相談することがなかったので、同じバックグラウンドを持つ参加者と体験談を共有することができたことは、自分の属性について考え、アイデンティティにもっと自信を持ち始める門出《かどで》であったのです。

また、第2回以降のイベントから、一緒にアフリカンユースミートアップの運営をする仲間にも出会い、最初の年だけでもさまざまな方面に活動が広がりました。例えば、コロナ前に開催した第3回のイベントでは、都心のアクセスしやすいイベントスペースで、セネガルにルーツがあり、モデルや起業家として活躍《かつやく》されている中川マリーさんにお話ししていただきました。

小さい頃のいじめの経験や、ファッションを通じて日本を変えたいと思ったきっかけから、東京ガールズコレクションで初の「ハーフブラック（半分黒人で半分日本人であること）」モデルとしてランウェイを歩かれたことをお話しされました。

また、第4回のイベントでは、「メディア×私たち」というテーマで、ブックカフェを会場にして、今まで影響《えいきょう》を受けた本を紹介《しょうかい》し合いました。このイベントを開催したきっかけは、運営メンバーとの会議で、アフリカンルーツとして感じる生きづらさはメディアとも関係しているのではないか、と話していたことです。例えば、化粧品《けしょうひん》などで「美白」という言葉が多く使用されることで、無意識に消費者に「白がいい」という価値観が浸透してしまう可能性であったり、スポーツで活躍するアフリカンルーツの人たちが多くいる中で、「すべての黒人はスポーツができる」という先入観が生まれてしまったりすることなど、日常で目にする言葉やイメージが、私たちにどのような影響を与えるのか、考える必要性を感じました。

また、2019年の末から、イベント企画《きかく》とは別にオンラインメディアとのコラボで、アフリカンルーツの若者の声を発信するためのインタビュー企画も始め、アフリカンユースミートアップ独自のフェイスブックとインスタグラムのアカウント、後にはウェブページも作りました。

2020年、コロナとBLM運動で考え直した活動の重要性

2020年のはじめに起こった新型コロナウイルスの流行による緊急事態宣言で、通っていた高校も休校になりました。急に止まった学校生活でモティベーションが湧き、自粛《じしゅく》中でもアフリカンユースミートアップのイベントをオンラインで定期的に開催し続けました。3月から5月まではゲストをお招きし、テーマを用いてお話をするイベントを開催していました。テーマは、「黒人であることが日本で生活していたときと海外へ渡《わた》ったときでどう変わったのか」など個人的な内容のものから、「自分が勇気をもらった音楽やアート」など幅広《はばひろ》く設定しました。また、2020年5月下旬《げじゅん》にアメリカで起こった黒人の男性が白人の警察官に死亡するまで押《お》さえつけられた事件を受けて、世界中で黒人に対する暴力と差別を訴える平和的行進が行われました。

日本でも黒人差別についての報道が増えた一方、「日本には人種差別はない」とSNSに書かれたりするのを見て、アフリカンルーツの当事者の声を聞く機会を作ろうと運営メンバーで考えました。そして、アフリカンルーツの若者4人が、自分が日本で経験したことを話す公開イベントを行い、100名近くの方が参加しました。

自粛前のイベントでは、もともとの参加対象の10代、20代の参加者が少なかった上、毎回都心での開催だったため参加できる人たちが限られていましたが、自粛期間で学校や部活動などが一時期なくなっていたので、オンラインのイベントでは多くのユース（10代、20代）世代の参加者

と知り合うことができ、東京だけではなく地方や海外で暮らしているアフリカンミックスの方々とも繋《つな》がることができました。何より、イベントに参加された方から「このような場があり、本当に良かった」と言われたことが一番うれしかったです。

AYMの活動を通じて同じルーツの人たちとの接点ができたことで、自分のアイデンティティを考え、自信を持つことに繋がりました。また、メディア関係者を含め、アフリカンルーツの若者の話に興味関心や応援したい気持ちがある人たちが世の中にいることを知り、勇気をもらいました。それは、作詞作曲した歌や制作したショートフィルムを発信し始めることを後押ししてくれました。

芸術というツールで人と繋がり、社会に問う

もともと私は小さい頃から絵や歌、詩などで自分を表現するのが大好きでした。コロナの自粛期間中は、家族と友だちがお金を出し合ってカメラをくれました。そして、友だちが個人的に開催してくれたワークショップで撮影や編集のスキルを学びました。新しく身に付けた編集技術で、以前に自分が考えていたアイデアをまた新たな形で表現できる可能性に気づき、ワクワクが止まりませんでした。

2020年6月頃に、私は中学のときに書いた曲「Invisible」をウクレレで弾《ひ》き語りする動画を撮影し、歌詞を日英併記《へいき》で付けショートフィルムを制作しました。内容は中学校でいじめに遭《あ》

っていたとき、「透明になりたい」と思っていたことがテーマです。インスタグラムに動画を載せた後は、「勇気づけられました」や「凄《すご》くグッとくるものがありました」と、多くのポジティブな感想をいただきました。また、同年の8月には、幼少期からコンプレックスであったアフロヘアを好きになるまでの過程を描《えが》いた『Hair.』というショートフィルムを制作し、これもインスタグラムに載せました。内容はとても個人的なものではあるものの、「ミックスルーツ」でなくても、もともと天然パーマである方など、特に女性の方から共感のメッセージをいただき、とても嬉しく思いましたし、嬉しい以上に驚きもしました。

映画『アーク&マヤ：All Mixed Up』の撮影の様子。
左が筆者、右が共同監督のマヤ

２０２０年11月から翌年の2月までは、アメリカとのミックスの友だちのマヤと「アフリカンルーツ」であることをテーマにドキュメンタリー『アーク&マヤ：All Mixed Up』を制作しました。

メディアの取材を受けるときに限らず、私は「アフリカンルーツという少数派の意見を、大多数の人たちに理解してもらうための工《く》夫《ふう》」を意識して、言葉を選んだり、前置きを長くしてしまったり、なかなか自分の思うように言いたいことが表現できないことがありました。なので、ドキュメンタリーをマヤと制作するときには、自分たちが感じている生きづらさ、葛藤《かっとう》、そして嬉しかったことを感じたままに話す「正直」な作品であることを意識しました。

このドキュメンタリーを初めて上映したときにも、上映後に「人と違ってもいいと勇気をもらった」などの感想をいただきました。「アフリカンルーツ」であることや、「中学で遭ったいじめ、孤独」などといった一見個人的な内容をテーマにした作品でも、他の人がそれを見て、共感したと知ると今でも驚きます。しかし、もし主観的な要素が強い歌や動画などで、見ている側が共感するのであれば、「ミックスルーツ／アフリカンルーツ」の方だけではなく、少数派の方など、自分と異なる立場の人と理解しあえるツールの1つとして「芸術」はとても良いものではないかと今現在は思っています。

芸術の話と繋がるのですが、私はある本とドキュメンタリーがきっかけで、高校生活の終わり頃から戦後に生まれたミックスルーツの人たちに興味を持ち始めました。その中でも特にアフリカンルーツの方がどのような経験をし、どのようなことを考えているのか興味があり、数人の当事者と連絡を取り交流をしています。

「アフリカンルーツ」の大先輩《だいせんぱい》との交流

戦後の日本において、占領《せんりよう》軍兵士と日本人女性の間にはたくさんの子どもたちが生まれました。その子どもたちは当時、「混血児」と呼ばれ、家庭で育った子どもたちもいますが、中には、児童養護施設で育った子どもたちや海外に養子に行く子どもたちもいました。[*3]

私は、戦後生まれのアフリカンルーツの人たち（中には70代の方々もいる）と、それより下の世代のアフリカンルーツの人たちが対話できるイベントを実現させたいと当初は思っていましたが、戦後生まれの当事者との会話を重ねる中で、彼ら彼女らが受けてきた肉体的かつ精神的に過酷《かこく》な差別や、戦後当時の日本の状況、そして現在でも続いている日常的な差別などを知り、簡単な気持ちで企画を進めてはいけないと思ったのです。しかし、実際に当事者と親睦《しんぼく》を深める中で、時代を超《こ》える経験の接点もあることに気付きました。例えば、当事者の中で私と同じく「白い」ことを賞賛する社会で自分の外見にコンプレックスを抱いたり、黒人のステレオタイプに当てはまろうとしたりして悩んだ末、自分らしく生活することを決心したエピソードなど、勇気づけられる経験談をたくさん聞かせてもらいました。さらに、年齢層が彼らと近い、私自身の祖父母のことをさらに深く知る機会ができました。

例えば、日本の女性が「敵国（アメリカ）」の相手と交際し、子どもができたことで、実家から勘当《かんどう》されてしまい、子どもとともに冷たい視線を日本社会から向けられた時代に、同時代を生きた私の祖母は「女性」としてどのような経験をしたのだろうと考えるきっかけができました。実際に祖母の若い頃の話を聞かせてもらい、彼女との精神的な距離《きょり》がさらに縮まったと思いました。

これから……

現在私は、学生や社会人メンバーとともにアフリカンユースミートアップの運営を行っています。中学の時の「哲学ナイト」をはじめ、AYMの運営、映像制作、上の世代の方々や祖母と話す時、すべてに共通しているのが、「疑問に思ったことを誰かと一緒に話す」ことです。誰かと対話するのが好きだからこそ、今まで活動を続けることができました。

私は今年（2024年）で21歳になりますが、今後も自分らしく、広い範囲で活動をするために、色々な人のサポートの中で進路を模索しています。これからも変わらず、なにかを見たり聞いたりして、そこから疑問が湧き、それをもとに人と話し、そして行動する。その繰《く》り返しをして生きていくのだと思います。このプロセスを楽しみながら今後も暮らしていきたいです。

＊1　ステレオタイプ：多くの人に浸透している思い込みやイメージのこと。しばしば、その勝手な思い込みが差別や偏見を生み出すため、注意が必要。

＊2　以下を参照。下地ローレンス吉孝《よしたか》『「ハーフ」「ミックス」「Hafu」？　日常に隠《かく》れる『日本人同士の差別』に気付けるか』

＊3　以下を参照。NHK「ぼくらは〝戦友〟だった～ボーイズ・タウンの子どもたち～」

CHAPTER

5

私たちの学校を変えるためには?

校則・教育改革

学校の自由を守る

校則のない学校で起きた「北園《きたぞの》現代史」という抵抗《ていこう》

中村眞大（なかむら・まさひろ）

2002年、東京都生まれ。明治学院大学4年生。フリーランスライター、映像ディレクターとして、主に同世代のアクティビストに関する取材・発信を行う。高校在学中、校則問題をテーマにした映画『北園現代史』を製作。現在は、NPO法人「School Liberty Network」共同代表として学校自由化に取り組む。

「自由の北園」に異変が起きた……

東京の板橋という街に「自由の北園」と呼ばれている高校がある。正式名称《めいしょう》は東京都立北園高等学校。戦後すぐに制服と校則が廃止《はいし》され、以降、70年以上も自由な校風を維持《いじ》し続けている全国的にも珍《めずら》しい公立学校である。

僕《ぼく》はこの北園高校に、2018年に入学した。志望動機はズバリ、自由だから。中学時代、髪《かみ》の毛の長さを規定する校則や、「職員室の下請《したう》け業者」と化していた生徒会に嫌気《いやけ》が差し、ずっと自由な学校に憧《あこが》れを抱《いだ》いていた。「北園では、休み時間にアイスを買いに行ってもいいらしい」。どこかから流れてきたそんな噂《うわさ》に心を躍《おど》らせながら、迎《むか》えた入学式。みんな好きな服を着て登校していたし、金髪《きんぱつ》の先輩《せんぱい》もいた。もちろん服装にこだわりのない人もいた。それぞれが何にも縛《しば》られず、自由な見た目で学校生活を過ごしていた。

異変が起きたのは、1年生の文化祭初日。僕は、運営スタッフとして、開会式の司会を務める3人の3年生に密着しカメラを回していた。すると、突然《とつぜん》生徒指導部の先生が、「ちょっとカメラ止めてくれる?」とレンズを手で覆《おお》うと、数日前にそれぞれ髪を明るく染めたばかりの司会の先輩たちを「司会の自覚が感じられない」と呼び出し、「舞台《ぶたい》に立つときは、髪の毛を帽子《ぼうし》などで隠《かく》すように」と指導した。先輩たちはしぶしぶ従っていたが、なかには悔《くや》しくて涙《なみだ》を流していた人もいた。「大変なことになったぞ……」と僕は思って、一度止めたカメラのRECボタンを再度押《お》し、密《ひそ》かに撮影《さつえい》を続けた。

僕が「自由の北園」の異変に気づいた頃《ころ》、生徒全体の雰囲気《ふんいき》として、「北園から自由が失われてしまうのではないか?」という漠然《ばくぜん》とした危機感があった。全校生徒全員が同じ意見・感情ではなかっただろうけど、なんとなくのモヤモヤを多くの生徒が抱《かか》えていた。

「高校生としてふさわしい……」とは何か？

先ほど、「北園高校には校則がない」と書いたが、厳密には生徒手帳に以下のような一文が記《き》載《さい》されている。「制服は特に定めないが、高校生として学ぶ場にふさわしい服装・頭髪で学校生活を送る」（この一文がいつ記載されたのかは不明）。この「高校生として〜」の箇所《かしょ》の解釈《かいしゃく》をめぐって、生徒と一部教員の間で相違《そうい》が生じ、文化祭のときに起こったような指導が行われたんだと思う。

その後も、北園では全校一斉《いっせい》頭髪検査や行事への不当な介入《かいにゅう》など、自由を脅《おびや》かす出来事が続いた（詳細《しょうさい》は YouTube『北園現代史』を参照のこと）。この本の次の執筆者《しっぴつしゃ》である、後輩で生徒会長の安達晴野《あだちせいや》くんが何度も学校に掛《か》け合ってくれたが、うまくいかなかった。年に2回行われる生徒大会でも野次が飛び交《か》うくらいに質疑が紛糾《ふんきゅう》したが、何も変わらなかった。先生たちは毎回とってつけたような理由を述べて生徒たちの疑問や訴《うった》えを拒絶《きょぜつ》した。僕はそのたび、カメラを回して記録を続けた。いつどのような形で発表するかはわからないし、圧倒的《あっとうてき》な力を持つ学校を前にして、一生徒の抵抗など無力かもしれない。でも、長い間受け継《つ》がれてきた自由な校風が、あっという間に失われていく過程を記録に残しておくことは、絶対に価値があることだ。当時はそんな風に思っていた。

高校3年生のとき、受験勉強の合間に観《み》たNetflixのドキュメンタリー映画に衝撃《しょうげき》を受けた。

カッコ良いし、面白《おもしろ》い。もともと、『ヤクザと憲法』『さよならテレビ』『立候補』といった、社会派のドキュメンタリー映画が好きで、自分の価値観を作り出す糧《かて》の一部になっていた。どうせ何もせず卒業してしまうくらいなら、北園と自由についてのドキュメンタリー映画でも作って、後輩たちにこの現状を伝えたい。と同時に、70年以上受け継がれてきた「自由の北園」を僕たちの代で失わせてしまうのは、先輩にも後輩にも申し訳ない気がした。

ドキュメンタリー映画制作がスタート

こうして、受験が終わった2021年2月9日夕方から映画制作を開始、僕にとって一世一代の大勝負が幕を開けた。実は、この数日前、大学受験をしないという同級生の長根光輝《こうき》がスタッフに加わり、北園卒業生である実業家の西村博之《ひろゆき》さん（「ひろゆき」名義でインフルエンサーとしても知られる）に、ツイッターのメンション機能を使ってインタビューを打診《だしん》したところ、速攻《そっこう》で承諾《しょうだく》の返事が返ってきていた。滑《すべ》り出しは順調だ。

11日、長根とサイゼリヤで企画《きかく》会議。作品の方針やおおまかな構成を詰《つ》める。実は今でこそ、ありがたいことに本のご依頼《いらい》までいただくようになったが、当時はあくまでも身内向けの作品の予定だった。同級生や一部の先輩後輩に届けばいいかなくらいの気持ちだった。作品の構成は、それまで撮《と》りためてきた映像と、圧倒的な知名度を誇《ほこ》る卒業生へのインタビュー。それに50年前、北園高校で自由を守るために生徒数名が校舎をバリケードで封鎖《ふうさ》したという事件のことも前から気になっていた。

時代背景や方法は違《ちが》うけれど、何か今に繋《つな》がることがあるのではないだろうか。北園の周年記念誌を調べても、教員が当時を振《ふ》り返った証言は少し残っていたが、生徒による記録は一切《いっさい》なかった。調べるしかない。僕はそう思って、前編を現代の出来事、後編を50年前の記録という構成にした。

とは言え、50年前の先輩なんてどうやって探せばいいんだ……。同窓会組織は、積極的に記録の提供をしてくださり、インタビューにも応じてくれたが、当事者の紹介《しょうかい》は難しいとのことだった。どうやら自力で探すしかなさそうだ。

すると、すぐにヒントが見つかった。YouTubeに投稿《とうこう》されていたとある座談会の動画に、北園高校OBという男性の姿があって、年齢《ねんれい》を調べて計算すると、どうやらバリケード封鎖が行われた当時北園に在籍《ざいせき》していたようだった。座談会の主催者《しゅさいしゃ》に彼《かれ》の連絡先《れんらくさき》を問い合わせると、すぐに繋がることができた。名前は金廣志《キムクワンジ》。1951年生まれの22期生。封鎖メンバーと同級生で親交も深かったが、在学中に学生運動に目覚めそのまま退学、過激派組織「赤軍派」に加入し、とある事件をきっかけに全国指名手配。15年間の逃亡《とうぼう》生活を送り、時効成立。その後社会復帰し、カリスマ塾《じゅく》講師……というとんでもない経歴の人だった。

金さんが封鎖メンバーや学校問題に詳《くわ》しいジャーナリストの小林哲夫《てつお》さんに繋いでくださり、その小林さんが卒業生のジャーナリスト・津田大介《つだだいすけ》さんに繋いでくださり……といった形で、たった数日のうちに、次々といろいろな立場の方の協力が得られることが決まった。

少し話を戻《もど》して、14日夜、ひろゆきさんにオンラインインタビュー。世間での異名は「論破《ろんぱ》王《おう》」。怖《こわ》い人だったらどうしようと一抹《いちまつ》の不安を抱えて臨《のぞ》んだ。するとどうだろう。終始優《やさ》しくインタビューに応じてくださり、最後には、僕らの録画画面では画質が悪いだろうからと、わざわざ高画質・高音質で録画してくれていたデータを送るとまで言ってくれた。たしかに彼の評価は分かれるし、公開後、「彼のインタビューはいらないのでは？」というリベラルな意見を持つ人からの指摘《してき》もあった。取材後、今に至るまでの彼の発信の中には僕もどうかと思うものもあるのは事実だ。しかし、この作品に彼のインタビューが必要だったということは今でも自信を持って言える。在校生という一番届けたい相手に、誰《だれ》も思いつかないようなアドバイスも交えながら、この難しい自由の問題をわかりやすく伝えてくれた。同じ考え方の人たちに自分の訴えを届け、共感してもらうのは簡単だ。でもこの問題は、もっといろいろな考えを持つ人たちに幅広《はばひろ》く届けるべき問題だと思った。

結果的に、卒業生として、ひろゆきさんと津田大介さんに出ていただけたのだが、一見正反対の思想を持ったお2人が、偶然《ぐうぜん》にも「広く社会に訴えかけるべきだ」という似たアドバイスをしていたのはとても面白く感じた。

先生たちには取材できなかった……

翌15日、僕は先生方の声も収録したいと、指導する側の生徒指導部に企画書を持っていき、インタビューを申し込《こ》んだ。先生たちをつるし上げ、批判しても意味がない。どんなにひどい対応をされても、そうせざるを得なかった理由があるに違いない。それを知りたいし発信したい。そう思ってのことだった。すると、2日後の生徒指導部会で、対応してくれた先生が提案してくれるらしい。有難《ありがた》い。しかし、結局は「顧問《こもん》がいない有志の活動には協力できない」「コロナ禍《か》で部活ができない状態の中で、3年生が活動するのはいかがなものか」という指摘を受け、却下《きゃっか》されてしまった。

そこで、さらに上の先生に頼《たの》もうと思い立ち、26日には校長室を訪《おとず》れて校長先生にも取材を依頼するが、「生徒指導部の判断に従う」と言われ、取材拒否。堂々と「自由なんてけしからん！そんな作品はダメだ！」と言ってくれればまだ清々《すがすが》しかったが、またもやとってつけたような理由で拒絶されてしまった。しかも討論を申し込んだわけではない。ただ先生たちの声も聴《き》きたいだけなのに、それでもダメなのか。素直《すなお》に悔しかった。

力を貸してくれた強すぎる味方たち

作品づくりの過程で、多くの生徒にも協力してもらった。最大の功労者は、生徒会長の安達晴野くんと、その母で当時次期ＰＴＡ会長だった安達桃子《ももこ》さん。桃子さんは、保護者会でたった1人、校長先生に規制強化について質問したというすごい人で、保護者から集まった規制強化に反対する声を代弁し、「ルールはないが、自分で考えて先生の言うことに従え」という学校の態度は「忖度《そんたく》を求められているように思える」と指摘、「そんなのは自由ではない」とまで言ってくれた。

その後、安達親子には、作品公開時のさまざまなトラブルの相談にも乗ってもらったり、卒業後も一緒《いっしょ》に校則問題に取り組むなど、取材者／取材対象者という関係を超《こ》えて、今でもお世話になっている。

映画『北園現代史』

また、作品づくりの過程で特に印象的だったのは校内でゲリラ的に行った街頭インタビューとシールアンケートだ。

「北園生の生の声を聞く」というもので、まったく初対面の在校生も含《ふく》めて声をかけ、趣旨《しゅし》を説明し撮影を交渉《こうしょう》、ゲリラインタビューを行った。また、お昼休みの教室を回って100人の生徒を対象に「頭髪指導は適切か」と問うシールアンケートも同時に実施《じっし》した。意外にも、素性は知れているとは言え、見ず知らずの人間から突然依頼された取材にもかかわらず、みんな寛容《かんよう》に応じてくれて、「頑《がん》張《ば》ってください」と言ってくれた。

そのほか、ナレーション、イラスト、編集、再現ドラマの俳優など、ずば抜《ぬ》けた特技を持った多くの在校生が、惜《お》しみなくその力を貸してくれたことで、より作品の質を上げることができた。少人数で結果的に1時間を超える作品を完成させられたのは、多くの在校生が趣旨に賛同し、協力してくれたおかげだと思っている。

あれよあれよという間に大きくなる炎《ほのお》

こうして、完成した作品に『北園現代史　自由の裏に隠された衝撃の実態』という題をつけ、4月1日深夜、YouTube上で公開した（現在も公開中）。

3月24日にツイッター上で公開していた予告編の時点で、在校生のみならず、多くの著名人を含めた学校外のユーザーにも拡散され、もはや内輪向けの作品ではなくなっていた。学校側はどうやら教育委員会からの一報で予告編の存在を感知したらしく、僕を含めたスタッフや晴野くんに対して、事情聴取《ちょうしゅ》のため呼び出しのメッセージや電話をよこしてきた。こうしたことを乗り越《こ》えての公開だっただけに、見る見るうちに再生回数が増えていき、LINEやSNSのDMで感想の熱いメッセージがたくさん届いたのは、この上なく嬉《うれ》しかった。ちょうど、世間で校則問題が話題になっていた時期でもあり、関心を持って観て下さる方は多かった。

しかし、嬉しいことばかりではなかった。僕がやったことは、大げさに言えば内部告発で、学校側は相当怒《おこ》った。校長先生は動画削除《さくじょ》に躍起《やっき》になって弁護士に相談したそうだが、「騒《さわ》ぎが大きくなりますよ」と止められて断念したらしいし、校内で生徒が自由に撮影できる環境《かんきょう》が問題視されて、僕の古巣である映像研究部の活動が大幅に制限されてしまうといった望まぬ結果も招いた。

すでに卒業してしまった僕は、こうした一連の出来事を、ただ蚊帳《かや》の外から見ているほか何もできず、僕は大きな虚無感《きょむかん》と罪悪感に襲《おそ》われた。自分の作品のせいで無関係の後輩を結果的に苦しませてしまった……。メディアの取材で、一丁前に作品について語る僕の心の奥底《おくそこ》には、本当にこれで良かったのだろうかという葛藤《かっとう》が常にあった。

全国から届いた予想外の反響《はんきょう》

ところが、その後、思わぬ反響が僕のもとに届いた。京都市立紫野《むらさきの》高校や私立品川翔英《しょうえい》高校など、北園と似た境遇《きょうぐう》の学校に通う生徒たちによる、共感とSOSのメッセージだった。『北園現代史』で取り扱《あつか》ったテーマは、北園高校特有のものだと思っていたが、実は、全国の学校に共通する普遍的《ふへんてき》なものであったことに気が付いた。それに加え、どうやら、北園高校の状況も少しずつではあるが、良くなってきているようだとの話も聞いていた。

「よし、今後は元当事者の立場で、北園に限らず、校則や学校の自由の問題に全国規模で取り組んでいこう」と腹をくくり、校則を変えたいと言う中高生の相談にのったり、「全国校則座談会」と題した生配信イベントを企画したり、政治家に校則問題を解決するよう働きかけたりと、思いつく限りのことをしてきた。

もちろん、大学に通いながら、ときには夜通し酒を飲んで遊んだり、ふらっと一人旅に出かけたり、また、自分のやりたかった取材・発信活動も並行《へいこう》して行っていたから、四六時中校則のことを考えていたわけではない。自分の時間も大切にしながら、無理せず自分のできることをやる。この良い意味での無責任さこそが、アクティビズムには欠かせないものだなと今では思う。

校則というおぞましい呪《のろ》い

ここからは、少し、僕の思いを書きたい。僕は、学校は原則自由で良いと思っている人間だ。極端《きょくたん》なことを言うと、校則は全国一律で一回全廃したほうが良いとまで思っている。

こういうことを言うと、「社会に出るうえでルールを守る必要があるし、理不尽《りふじん》にも慣れておく必要があるのでは？」とか「まだ子どもなんだから自由は早い」という意見を耳にする。しかし、本当にそうだろうか。

社会にあるルールの多くは、合理的な理由があって、しっかりと審議《しんぎ》を重ねたうえで制定されているものであり、変えようと思えば変えることもできる。校則はどうかと言うと、教員ですら理由を説明できないものばかりだし、誰がいつ決めたのかもわからず、変え方すら明記されていない。もう滅茶苦茶《めちゃくちゃ》だ。

さらに、校則で全員に同じ見た目や行動を求めることは、異質なものを排除《はいじょ》する意識を作り出し、差別やいじめを助長する。また、それだけでなく、無意識のうちに「周りと違う自分はダメ人間だ」と思って自己肯定感《こうていかん》を下げ、自分の個性に気付けなくなってしまう。

こうして、将来、理不尽な職場に出くわしても、うまく適応できない自分をひたすら責め続け、心を無にして命を削《けず》りながら働き続ける「社会に従順な歯車」が完成する。「AIに負けないように、自分の頭で考える力が大切ですよ」と言われるこのご時世で、心を無にして理不尽な校則に従い耐《た》え続ける教育なんて時代遅《おく》れにもほどがあると僕は思う。

校則が問題である理由は他にもたくさんあって、それはいずれまた別の機会に書きたいとは思っているが、とにかく、今の校則や理不尽な指導は、多くの人を不幸にする恐《おそ》ろしい呪いなのだ。僕ら（やときには本人も）が気付いていないだけで、校則や理不尽な指導によって苦しんでいる人はたくさんいるのだ。

いったん校則を全廃し、「許可なく屋上に上がってはいけません」とか「法律を守りましょう」といったような、最低限安全や人権に配慮《はいりょ》されたルールだけを新しく制定して、多様な価値観に触《ふ》れながら自分の考えを磨《みが》ける民主的で自由な学校が一刻も早く増えてほしいと心底願っている。その方が絶対楽しいいし、自分も成長できる。「自由の北園」の卒業生である僕が言うんだから、信じてほしい。

自由を知ることが最初の一歩

なぜ、北園高校でここまで規制強化の反対運動が盛り上がったかと言うと、自由の良さをすでにみんな知っていたからだ。でも、多くの学校の生徒は、自由を知らないがゆえに、校則や制服着用の強制を何の疑問もなく受け入れている。みんなそれが当たり前だと思っている。ここに、この問題の怖さはある。

自由を知らなければ、自由を求める声を上げる選択肢《せんたくし》すら思い浮《う》かべることができないのだ。何より、こうした生徒たちを作ってきたのは、他でもない、大人たちである。生徒主体の校則改革を美談として扱うのも良いけれど、まずは、それができる土壌《どじょう》を大人がしっかりと整備すること。その上で、民主的で自由な学校づくりのために、児童生徒や教職員、保護者、地域住民、卒業生らが、専門家や法律家の意見を参考にしながら、一緒に意見を出し合っていくことが大切だ。

２０２３年秋、僕は前述した私立品川翔英高校前生徒会長の濱崎希歩《はまさきのあ》くんと２人で、ＮＰＯ法人「School Liberty Network」を立ち上げた。校則や非民主的な学校運営に違和感を覚えた全国各地の中高生の相談にのったり、彼らと様々な立場の大人たちとを繋げるネットワークづくりをしたり、学校自由化を生徒目線で支援《しえん》していく団体である。校則改革を一時的なムーブメントで終わらせないために、僕らはこれからも活動を続けたい。

頭髪指導

校則問題は「人権」と「民主主義」の問題

安達晴野（あだち・せいや）

2003年、東京都生まれ。自由な校風に憧れて入学した都立北園高校で、校則にない頭髪指導に疑問を抱き生徒会長として学校に働きかける。現在は大学生として政治学を学びながら、校則問題に取り組む中で得た「人権」と「民主主義」という軸《じく》を基《もと》に、さまざまな社会運動に広く浅く参加して勉強中。

驚《おどろ》きと喜びの北園高校時代だったが……

私の通った北園高校は、自由な校風で有名な学校だった。自由な校風のために1時間以上かけて通学している生徒もいた。私自身も、漠然と「自由」という言葉に惹《ひ》かれて北園を選んだ。

入学してすぐの頃、教室の1か所にクラスメイトが集まっているので何だろうと思ったら、机の上にゲーム機を置いてマリオカートをしていた。それを見た時の衝撃と高揚感《こうようかん》が忘れられない。学校でゲームなんて悪いことだと思っていたのに、当たり前のようにそれができ、それでも学校が成り立っていた。他にも、服を自分で選ぶ、学校の中でお菓子《かし》を食べる、昼休みにコンビニに行く……校則が厳しい普通の公立中出身の私にとって、考えられないことの連続だった。私は北園に入ってはじめて自由に触れ、それまで自分が不自由だったことに気づくことができた。

しかし、しばらくして違和感を持つようになった。はじめての違和感は1年生の6月の運動会練習だった。「文化祭は髪染めを許可する代わりに、運動会では髪染めを禁止する」と言われたのだ。9月の文化祭では、私の学年は男子生徒が女性の恰好《かっこう》をすることを禁止された頃の私だったら、何も考えず受け入れていただろう。しかし、自由でも学校は成り立つと知った私は、これらの指導が意味のないものだと感じることができた。

このときの私はまだ、仲の良い先生に頼んで、禁止の見直しを学年の職員会議で話し合ってもらうことぐらいしかしなかった。

私がはじめてしっかりと声を上げたのは、最初の違和感から1年経《た》った2年生の6月だった。所属していた生徒会で、北園の生活指導に関する意見を生徒、保護者、OBOGから集めて校長に提出したのだ。

提出のきっかけは、新入生から落胆《らくたん》の声が届けられたことだった。この頃、学校はコロナウイルスの感染《かんせん》拡大によって休校や分散登校になっていた。そのせいで、新入生は入学してもなかなか学校に通えていなかった。そんな新入生がようやく迎えた初登校の日に、先生が「髪染めを禁止する」と言ったのだ。自由の北園で学校側が髪染め禁止の既成《きせい》事実を作ろうとしていることに危機感を覚えた。不安を抱えて入学してきた生徒に教育者として最初にかける言葉がこのような期待を打ち砕《くだ》く無意味な指導なのかと、強い憤《いきどお》りも覚えた。

　この意見書を提出したことで、先生には「提出のプロセスがなっていない」「ここに書かれた意見は事実に基づかない」などと激怒《げきど》された。今振り返ると考えが甘《あま》かったが、意見書を作っているときの私は「これを出せば学校は頭髪指導をやめるだろう」とウキウキしていた。それだけに、先生に激怒されるというのはまったくの想定外で、最初に呼び出されて「指導」という名の圧力を受けたときは萎縮《いしゅく》してしまい、先生に言い返すことができなかった。

　精神的にかなりしんどい時間だったが、私だけ呼ばれたのに心配して一緒に呼び出しに付き合ってくれた生徒会の友達の存在に救われた。呼び出しが終わった後、悄然《しょうぜん》とする私に自販機《じはんき》で飲み物を買ってくれたことが身に染《し》みた。生徒会として提出したのに会長でもない私だけを呼び出したのは、その方が押さえつけやすいと判断したのだろう。

　家に帰って悔し泣きをした後、どうやったら先生に言い包《くる》められないかを考えた。呼び出しで言われたことをよく振り返って「こういう風に言われたらこう返そう」と何度もイメージした。家族に先生役をやってもらって先生との会話のシミュレーションもしてみた。

　そして2年生の9月、生徒会選挙で会長に立候補した際に、リベンジの機会が訪れた。私は選挙公報に「学校側がＰＴＡに対して髪染めしている生徒が写っていることを理由にＰＴＡ広報誌の写真差し替《か》えを指示した」という事件のことを書いていた。それに対して学校側が「事実と異なる」と書き換《か》えを求めて私を呼び出したのだ。幸運にも呼び出されることをある人から「ここだけの話」と教えてもらい前日に知ることができた私は、急いで準備をした。元PTAの保護者に連絡をすると、差し替え指示の証拠《しょうこ》のメモのコピーをすぐに用意してくれた。私の親友は「先生と言った言わないの争いになったときのために、俺《おれ》が証人としてバレないように近くで話を聞いてるよ」と付き添《そ》ってくれた。こうした協力のおかげで、私は落ち着いてしっかりと自分の意見を話すことができた。証拠を見せた後も別の理由で差し替えを迫《せま》られたが、最終的にはそのまま選挙公報に載《の》せることができた。

　このとき、書き換えを求めてきた先生は「髪の毛を染めることが一番自由のために頑張ることなんだ」「あなたの考える自由っていうのがどういうものなのか」と私に言った。たしかに、髪染めは学習には関係ないどうでもいいことだ。髪染めが自由の核心《かくしん》部ではないだろう。しかし、そのどうでもいい髪染めが「できない」ということは、自由に反する。髪を染めたい人は染めることができるべきだし、髪を染めたくない人は染めないことができるべきなのだ。実際、私は黒髪が好きで髪を染めたいという願望はなかった。この自由の北園で、髪染めが指導されていることこそが問題であり、声を上げなければならないことだった。私の考える「自由」については後で詳しく述べたい。

頭髪検査の当日、金髪にした

3年生の9月に、声を上げる意味を一番強く実感する出来事があった。受験前ということで、私の学年で頭髪検査が実施されそうになったのだ。

頭髪指導はおかしいという生徒の声に取り合わず、ドキュメンタリー『北園現代史』（166ページ参照）の公開をきっかけに学校外からも大きな注目が集まる中で、頭髪検査という強硬《きょうこう》手段に出るなんて。信じられないし、本当に憤った。そして、入学以来ずっと黒だった髪を検査の日に合わせて金髪に染めて抗議することを決意した。

生徒会長が抗議のために金髪にするインパクトは大きいだろうし、検査に引っかかれば絶対にそこで先生と頭髪指導の話ができるだろうと思ったからだ。金髪にするということを事前にツイッターで発信したところ、RTが500件近く、いいねが1500件以上集まり、背中を押してくれた。

検査当日の朝、職員室は拡散されている私のツイッターの投稿を目にした先生たちでザワついていたそうだ。登校するや否《いな》や先生に注意されるかもと思っていたが、何も言われなかった。そして朝のホームルームの時間が始まると、何人かの生徒が各々《おのおの》のクラスで担任に「なんで頭髪検査をするんですか。おかしいと思います」と投げかけてくれた。その結果、各クラスで先生が「みんなの自覚に任せる」「高校生らしさに明確な基準はないし、個人的に疑問に思う点がある」

「皆の声を聞かないまま指導はできない」などと生徒に伝え、なんと8クラス中7クラスで検査が行われなかったのだ。

唯一《ゆいいつ》検査が行われたクラスも、検査に引っかかった生徒が指導に回されることはなかった。私のクラスでは、担任が「今までみんなの声に気づかないふりをしていて申し訳なかった」と、教師としての建前を抜きにして自分自身の意見や頭髪指導を巡《めぐ》って先生の間でどのような話がされているのかを教えてくれた。生徒が声を上げたことで、先生を動かし指導を止めることができたのだ。

私1人が金髪にしただけでは、上手《うま》くいかなかった。複数の生徒がそれぞれ先生に「おかしい」と自分の意見を伝えてくれたからこそ上手くいった。一番はじめは先生に対して表立って声をあげるのは私1人で、周りは「応援《おうえん》してるよ」と言うだけだった。そこから、勇気を出して先生に自分の意見を伝えてくれる人が増えたのが本当に嬉しかった。

先生にとっても、一度決まった検査や指導を自分自身の判断で「やらない」と決めることは覚《かく》悟《ご》のいることだっただろう。私が3年間訴《うった》えてきたことや『北園現代史』が、皆が考え行動するきっかけや後押しになったかもしれないと思うと、胸が熱くなった。

金髪でも模範《もはん》生徒に

卒業式では、もっとびっくりすることが起きた。なんと、私が学年で1人だけ選ばれる模範生徒として表彰《ひょうしょう》された。しかも、慣例的に生徒会長が選ばれるというわけではなく、校則に関するものを含めた私の3年間の活動を学年団の先生方が評価して校長に推薦《すいせん》してくれた。

学校の指導をおかしいと言い続けて、学校の言う「高校生らしくない」髪型をあえてやったのに模範生徒に選ばれるなんてまったく思っておらず、むしろ「髪染め指導反対の活動をしたから模範生徒には絶対に選ばれない……」と思っていたので本当に驚いた。

それに、今までの行動が認められた気がして嬉しかった。先生に避《さ》けられているかもしれないという不安や寂《さび》しさがあったが、それからも解放された。特に、仲のいい先生から「ずっと髪染め指導に賛成していた先生が一番強く君を推薦してくれて、君への表彰を渋《しぶ》る校長を説得してくれた」という話を聞いたときは胸が熱くなった。

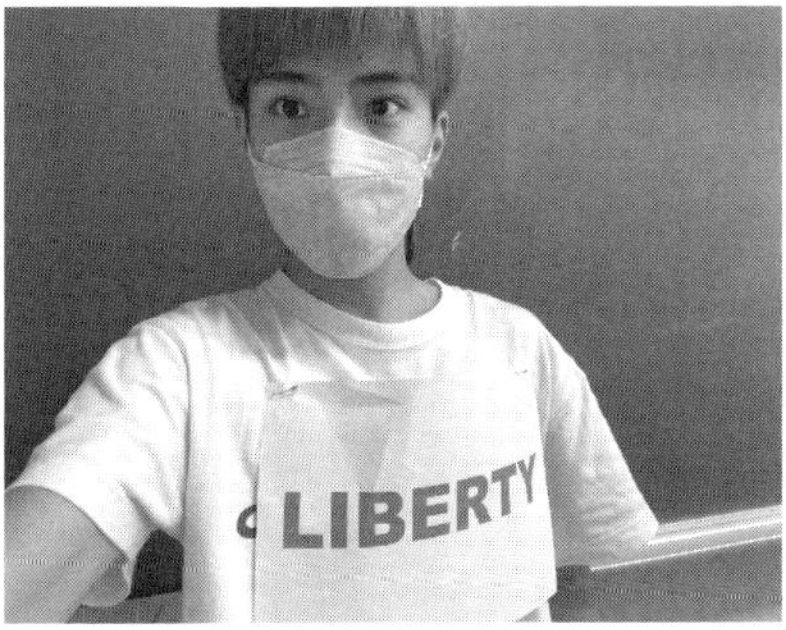

3年次、頭髪検査に対して校内でプラカードを掲げて抗議。これ以降、校内ではずっとプラカードを首から下げて生活した

私の卒業後、生徒会の後輩たちが学校内に「共生の北園会議」を作ってくれた。生徒有志と先生たちが、生活指導をはじめとした学校のことについて話し合うという場だ。最初の方はなかなか生徒が集まらず、生徒会以外の生徒参加者がゼロということもあったようだが、それでも生徒と先生が意見を交えることのできる機会ができたのは嬉しかった。

ＳＮＳ上では、この場でＬＧＢＴＱについて話したいという生徒の声もあった。私の次とその次の代の生徒会長も派手な髪色にしていて、PTA広報誌の表紙にも髪染めをした生徒が写っていたので安心していた。しかし、卒業して2年目の今、再び髪染め指導が始まり、頭髪検査と呼び出しが行われたそうだ。SNS上の現役生《げんえきせい》の投稿を見てはじめて知った。

投稿に対してダイレクトメッセージを送って詳細《しょうさい》を尋《たず》ねると、何人かの現役生が返事をくれた。みんななんとかしたいという思いはあるものの動けないでいる様子だった。私もなんとか力になりたいと思ったが、現役生との繋がりが薄《うす》いという壁《かべ》に直面した。

私が3年生の時の1年生はもう受験生で、今の生徒会のメンバーとはまったく面識がない。顔を知っている知り合いはほぼおらず、かろうじてSNS上でフォローしあっているだけだった。現役生と繋がって、活動を引き継いだり情報共有をしたりするという基本的なことができていなかったことが情けない。自由を守りたい現役生を応援する体制を作りたいと思いつつも、まだそれができずにいる。

校則問題は「人権」と「民主主義」の問題

校則問題（北園に関しては校則がないので正確には生活指導の問題であるが）に取り組む中で、「自由とは何か」と考えることになった。先生から「あなたの考える自由とは何なのか」と嫌み交じりに言われることもあった。

入学当初は自由に対してとても漠然とした考えやイメージしかなかったが、3年間の高校生活を通じて私がたどり着いた自由とは「自分のことも他人のことも尊重できている状態」であった。大学2年生になった今は、それに「権利や尊厳が守られる状態」という説明も加えて理解している。

そして私は、校則問題は「人権」と「民主主義」の問題であると考える。

まず人権について説明したい。人権（権利）とは「天賦《てんぷ》人権」という言葉があるように誰もが生まれながらにして持っているものである。なにかの対価として与《あた》えられるものでもなければ条件付きで与えられるものでもないし、他人が制限できるものでもない。もし権利を制限できる場合があるとすれば、それは誰かの権利が他の誰かの権利や尊厳を侵害《しんがい》するときである。そのときも、設ける制限はお互《たが》いに話し合って合意した上で、必要最低限かつそのとき限りのものでなくてはならない。

しかし現実では多くの学校で、誰もちゃんとした理由を説明できないような意味のない校則や指導が生徒に課されている。北園高校でも、髪染め指導を行う理由を先生に問いただすと「高校生らしくない」「学ぶ場にふさわしくない」と言われた（「高校生らしくない」といったあいまいな表現を用いた指導は、都立高校では地毛証明書や下着の色の指定に関する校則とともに2022年度に全廃されることになった）。

次に「民主主義」について。ほとんどの学校では、校則は学校側がはじめから一方的に決めていて、生徒や保護者は校則を作るプロセスに参加できない。そもそも校則を作るプロセス自体が明確になっていないことも多い。そのため、学校生活の中で校則になにか疑問を感じてもそれを変えることは非常に難しい。「校則や指導に関することは、生徒や保護者、先生など関係する人が話し合って決めなければならない」というルールを作り、定期的に話し合いの場を設けることが必要だ。

日本が批准《ひじゅん》している（＝内容に同意し、これを守るとしている）『子どもの権利条約』の第12条でも、「子どもは、自分に関係のあることについて自由に自分の意見を表す権利をもっています。その意見は、子どもの発達に応じて、じゅうぶん考慮《こうりょ》されなければなりません」と、子どもの意見表明と参加の権利が明記されている。

また、国がこの条約の内容を達成するために法律を作ったり政策を実行したりすることが義務付けられている。

「じゃあ話し合った上で髪染めを禁止するのはOKなの？」という声が出るかもしれない。これに対する私の答えはNOだ。なぜなら、民主主義よりも人権の方が優越《ゆうえつ》するからだ。たとえ話し合いの結果であっても、人の権利を不当に制限することはできない。国の仕組みで、人権を守るために存在する憲法が法律の内容を制限し、たとえ国会で決められた法律でも憲法に違反していたら無効になるというものがある。これと同じで、学校でも、校則について話し合う時は、話し合いで決められることと決められないこと（制限できることとできないこと）をきちんと分けなければいけないだろう。例えば、容姿など個人のあり方に関することは、話し合いの結果であっても縛ることができないと考える。

一人ひとりの勇気も必要

私の知り合いに、ある私立高校で生徒会長をしていた人がいる。その人は、校則が「ないのにある」高校で、ただ1人指導はおかしいと声を上げ続けた人だ。彼の学校の問題点は（数が多すぎてすべてを伝えきれないが）、一言で言うと、「校則がなくて自由と入学前に説明していたのに、実際には『ドレスコード』というルールがあり生徒の身だしなみなどを縛っている」というものである。

彼は指導について、すごく落ち着いて穏《おだ》やかに、そして何度も学校側に異議を申し立てて話し合いを試みていたが、そのたびに無視をされ、ひどい圧力を加えられてきた。「髪の色が明るい」として生徒会長なのに学校説明会に参加させない、生徒と先生数十人の前で一斉に彼を非難し吊《つ》るし上げる、彼の行動は間違っていると多数決をとり先生もそれに参加する、挙句の果てに、指導に賛成する生徒から「学校の評判を下げた」と不信任案が出され、生徒会長を辞《や》めさせられてしまった。その不信任案の採決の仕方も、不信任案を出す側にばかり多く発言させ、彼にはできる限り発言の機会を与えない、票数の開示を要求しても公開されないなど、公平性と透明性《とうめいせい》に欠けるやり方だった。

北園高校では、声を上げた時に多くの生徒が一緒に声を上げてくれた。生徒の中に「自由であるべきだ」という雰囲気も存在していた。しかし、そういう学校は日本の中で圧倒的少数派だろう。声を上げようとしても周りが一緒にやってくれるどころか、むしろ「指導をおかしいというなんておかしい」と生徒からも言われてしまうのが現状だ。声を上げた人が1人で闘《たたか》うことになったり、押しつぶされたりしてしまうことを防がなければならない。そのために、私は一人ひとりの勇気が必要だと感じている。誰かの勇気に頼《たよ》るのではなくて自分自身が勇気を出してほしい。そして、勇気を出している人がいたらその人を全力で応援して、その人と一緒になって行動してほしい。特に、先生や保護者など、大人には子どもを守る義務がある。大人こそ勇気をだして、しっかりと子どもを守らなければならない。私が北園高校にいたときも、声を上げるのは怖かったが周りに一緒になって声を上げてくれる人がいたことでとても救われた。1人や少人数で声を上げていたときには学校側は動かなかったが、大人数で声を上げたら頭髪検査も中止になった。

また、前の節の内容に戻るが、そもそも一人ひとりが疑問を持ったり声を上げたりするためには、校則や指導について安全に話し合える議論の場を定期的に設けること、その議論で軸となる人権について学ぶことが必要だ。

「人権の視点」、「学校での民主主義」、「一人ひとりの勇気」、学校を変えるためにこれらが今求められている。

対話的な校則見直し

時代にピントを合わせろ

塩川遥香（しおかわ・はるか）

2003年、埼玉県川越《かわごえ》市生まれ。地元の公立小中学校に進み、厳しい校則を経験。筑波《つくば》大学附属《ふぞく》坂戸高校に進学し、生徒会長として校則改革プロジェクトを発足《ほっそく》。現在は経営学を学ぶ大学3年生。半年間のマルタ留学中に8カ国を訪れたことをきっかけに、場所にとらわれず働く起業家を目指す。趣味ではきもの着付け免許を取得。

15の校則を半年でゼロに……

はじめまして。私は高校時代に15個あった校則を全部自由にしてしまった学校の元生徒会長、塩川遥香です。要は、制服を着ても私服でもどちらでもいい、金髪でも黒髪でもいいという変化を半年で作り出しました。そんなことできるものなのか？　と半信半疑な皆《みな》さま。私の例はあくまでも1つのモデルですが、できてしまったのです。どうぞ一種のエンタメとして話を聞いてください。

校則なんて動かない大人の脳と一緒

突然ですが、JKの市場価値と言われて、何を思い浮かべるでしょうか。私がJKだなぁと思うのは、プリクラコーナーでスカートを巻き、前髪を巻き、先生の校則注意をまく、後にも先にもあれだけ楽しい時間はこないのではないかと思わせる唯一無二の瞬間《しゅんかん》です。ハロウィンやクリスマスになると、SNSでコスプレをしたプリクラを撮るのが流行です。そんなJKはブランド化し、ときに性的対象として扱われることがあることを、校則を作り出すプロセスで客観的に理解していきました。自分の外見的要素が、少なからず外からの判断材料になることを1人ひとりが認識《にんしき》できたというのが、今回の校則改革で得た気づきとなりました。

さて、そんなJKたち（もちろんDK＝男子高校生も、それに属さない子も）が、社会から見た自分と向き合って、新しい価値観を作り出していった葛藤の校則ストーリーを、赤裸裸《せきらら》に書いていきます。

私が校則問題と出会ったのは、中学生にさかのぼります。

12歳《さい》の私は、地元でも校則が厳しい中学校に入学。「ダメなものはダメ」「できないものはできない」と思考を停止させ、ルール下での青春を謳歌《おうか》する中学時代を過ごしました。

それが校則改革を通して「どうにかダメをやめられないか」「どうしたら突破できるか」を考える、「なんでー?」と聞き続ける魔《ま》の5歳児のようなJKに成長したのです。

これを読んでいる大人たち。最近「なんでこうなんだろう?」と思ったものはありましたか? 私は、フードコートが混む時間がわかっていながら、「なぜみんな律義《りちぎ》に12時にお昼をとりたいんだろう?」でした。

大人になると一年が早いといいますが、それは目新《めあたら》しいものが減って、「そういうものだ」と脳が認識してしまうからという説があります。

校則なんてまさにその例ではないでしょうか。なぜツーブロックが禁止なの? なぜピアスを開けてはいけないの? なぜ女の子はスカートで、男の子はスラックスなの?

実際にこんな質問を生徒総会でされたら、ちょっと持ち帰って後日回答します……、と私だったらなります。なりました。なって出した案、それが、「校則改革プロジェクトの発足」だったのです。

なぜピアスは禁止なんですか? から始まった校則改革

学校の雰囲気が少しでも伝わるかと思い、「筑波大学附属坂戸高校」の基本情報を書きます。

地元では「筑坂《つくさか》」と呼ばれる本校は、郊外《こうがい》の中流家庭の子が通う、カリキュラム以外は普通の学校です。ちなみに筑波大附属といっても、坂戸校は筑波大学への内部進学はありません。
「筑波大学附属坂戸高校」参考データです。
都内まで1時間　埼玉県で唯一の国立校
偏差値《へんさち》58〜60（2019年当時）
日本初の総合学科での「探究学習」が盛ん
学年20／160人が外国ルーツのある生徒
もともと校則は15個。制服は紺《こん》一色、染髪《せんぱつ》メイクNGなど

さて、私たちが進めたプロジェクトでは、制服着用、染髪や装飾《そうしょく》禁止の一般的《いっぱんてき》な校則をいっさい廃止して、代わりに「状況《じょうきょう》や他者にも配慮して自身で判断すること」の一文を校則として新たに作成しました。「明日から私服でどうぞ〜」という、嘘《うそ》のような本当の校則です。もはや校則ではなくなってしまいました。

きっかけは2019年6月、私が入学して間もないころに開かれた生徒総会にて、先輩が「なぜピアスは禁止なんですか？」と質問をしたこと。というのも、筑坂は外国にルーツを持つ生徒を受け入れており、もとよりピアスが開いている生徒も少なくありません。福祉《ふくし》やグローバル系の授業も多く、アイデンティティを尊重する校風を大切にしているという背景もありました。この状況に対しピアスの指導も先生によって変わる、そもそも禁止する明確な理由が示されていないことに対して、鋭《するど》い指摘が入ったのです。

しかしこのとき明確な回答がされないまま月日は流れ、1年後の2020年8月になります。コロナ禍になり、予餞会《よせんかい》や体育祭などの生徒の活躍《かつやく》の場がことごとくなくなってしまったことを受けて、止まっていた校則問題に取り組もうという声が先生から生徒会にかかりました。そこから生徒主体の校則改革プロジェクトを立ち上げる運びとなったのです。

筑坂の校則改革の特徴《とくちょう》は、先生と生徒が協力関係にあるということ。実際に、校則改革の取材で当時生徒会長だった私がニュース番組に出演することになったとき、先生たちがとても楽しみにしてくれました。「何時からやるんだ」、「どうしたら観られるのか」、「テレビ局に遅れないように早く出た方がいい」などなど親戚《しんせき》のおじさんかというくらいの送り出しをしてくれました。かわいいでしょ、うちの先生たち。

そんな学校の雰囲気もあってか、プロジェクトの立ち上げまではスムーズに進みました。プロジェクトは「筑坂魅力化《みりょくか》プロジェクト」と名付けることとし、期間は3か月。5チーム編成で生徒会本部メンバーが各チームのリーダーになります。チームメンバーは約10人ずつ、有志で集まった計約50名です。

①まずはやってみよう！　2週間私服トライアル
②生徒の意見はどうなのか？　トライアル前と後のアンケート
③公式発表してしまおう！　新しい校則の文言を掲示《けいじ》
④定期で報告会をしよう！　リフレクション会実施

校則に関する最初のミーティング

という流れで進みます。

私服トライアルが大きなターニングポイントとなったわけですが、実施前は生徒内で期待と不安が入り混じったざわめきが起こりました。

トライアル実施前アンケートの意見では、

・寒暖差を調節できるのはいい
・部活にそのままいけるのが楽

というポジティブ意見に対し、

・いじめに繋がるのではないか
・各家庭の経済格差が浮き彫《ぼ》りになる
・学校が荒《あ》れる

といった懸《け》念《ねん》の言葉の方が上回りました。実は先生方よりも怖さを示したのは生徒だったのです。

先生より生徒に多かった懸念

プロジェクトの運営側としては、正直みんな喜ぶと思っていたので拍子抜《ひょうしぬ》け。「そんな嫌？」

図1 筑坂魅力化プロジェクト発足の流れ

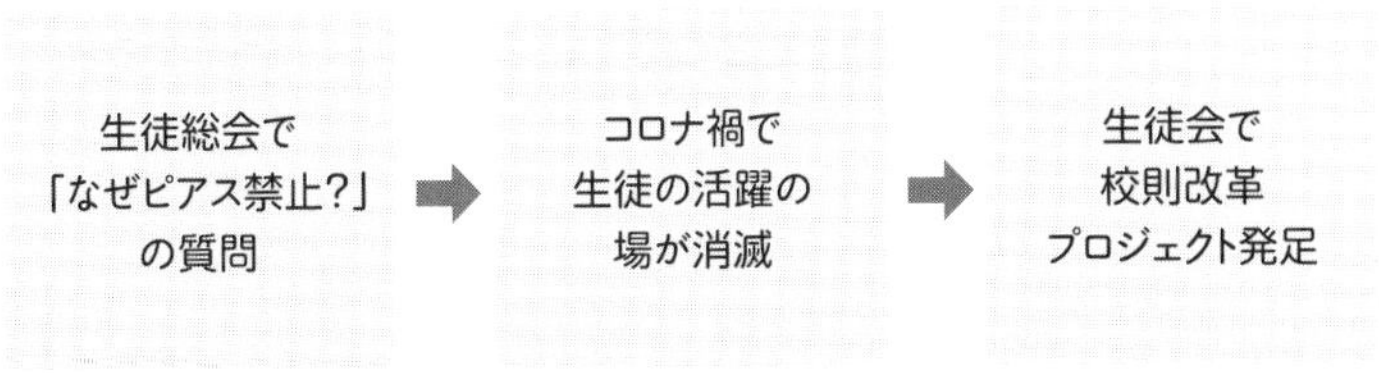

図2 プロジェクト組織図

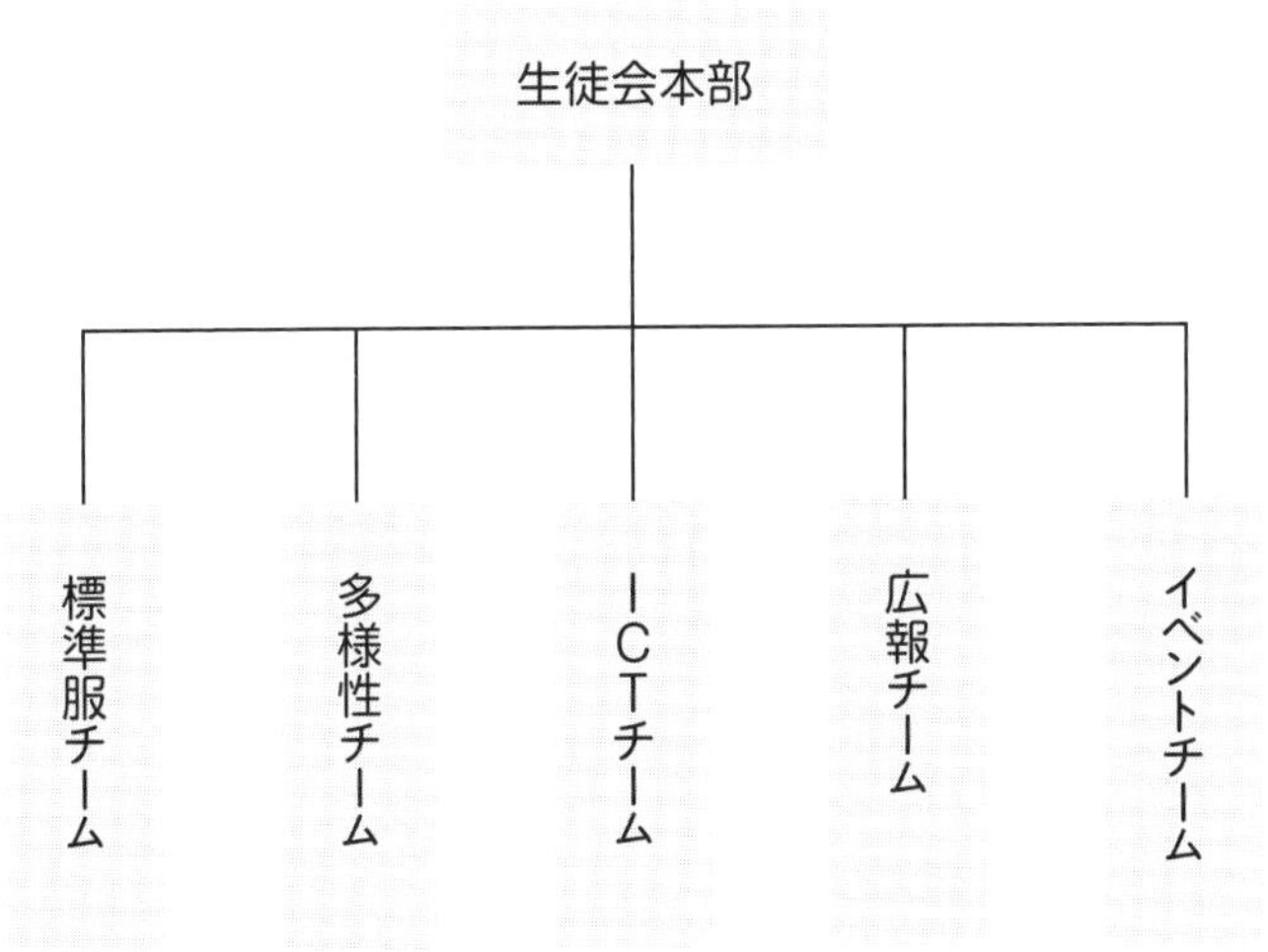

というほど熱意のこもった反対意見を見ると、これはただ変えればいいというものじゃないと思いました。

それからトライアルを実施してみるのとともに、「時代にピントを合わせろ」というキャッチコピーを掲《かか》げて、今この筑坂という環境で校則改革をする意義を発信していきました。校則を変えた後も定期的にリフレクション会を実施することも担保しました。

ブラック校則が話題で、生徒vs.先生の構図だった校則改革。これをうちの学校では双方《そうほう》が協力して新しいものを1から創ろうとしている。高校生活と常にともにあった校則と向き合ってみる。社会から見た自分たちはどのような存在で、どう演出するのかに考えを及《およ》ばせる。これは校則があるより難しいことです。

「状況や他者にも配慮して自身で判断すること」。この言葉の重みをわかってもらいたかったのです。今考えれば、外から相当な反対意見があっただろうに、生徒を信じて自由にやらせてくれた先生方に感謝しかありません。

校則が完全に置き換わってからは、制服を着る生徒と私服の生徒が6：4くらいに落ち着いた印象です。そして視覚的にカラフルになった影響《えいきょう》か、ディスカッションなどでの発言も活発になりました。

懸念していたいじめや経済格差の問題はまったく起こらなかったです。そもそも自分の勉強や興味分野に夢中でそこに注目がいかないのだと思います。先生たちも髪色を変えたら「いいね～」と褒《ほ》めてくれたりする緩《ゆる》さです。まるで日本の学校ではないみたいですよね。

私たちの下の代、入ったときには校則が変わっていた子たちの認識はやっぱり少し変わっているみたいですが、それはそれでいいと思っています。そのときに合わせた校則の価値観を作り続けていけばいい。仮に意見が割れる問題が起きても、それはそれで校則問題に対する熱量が保たれるわけです。

私が在学していた際のカタチは変わっていい。後輩たちがそれぞれのスタンスで「状況や他者にも配慮して自身で判断すること」を捉《とら》えてほしいです。

私は「どうしたらできるか？」を考える子に育った

校則活動に携《たずさ》わったことでさまざまな世界が広がり、今こうして本にも原稿を載せていただけるようになったわけですが、ここにくるまでの〝塩川遥香〟がどう出来上がったのかというHow to を少しご紹介させてください。

「おもしろいな〜」と思ったらぜひご連絡お待ちしております。教育関連のお仕事ください。今やってみたいのはおもしろい大人を集めて人生図鑑《ずかん》を作って、子どもたちに大きな夢を持ってもらう活動です。

私は小学生の頃から、なかなかあだ名が付かないタイプの子で、要は少し恐れられているような存在でした。クラスメイトからは、親しくなったはずなのに苗字《みようじ》+さんで呼ばれる。下の名前を呼び捨てで呼ばれて、お昼休みにドッジボールに誘《さそ》われるような女の子にひそかな憧れがありました。

高校でクラスTシャツを作って背ネームを決めるとき、友人から提案された名前、なんと女帝《じょてい》です。「私はそんなに怖いかね」と吹《ふ》き出しそうになりました。生徒会長だからというフォローが入りましたが、素直にそんなイメージが浮かんできたからに違いないと思います。

そんな女帝のつくり方、以下の通りです。

一人っ子、祖父母の家が隣《となり》という環境で育った私はすごく甘やかされます。母が子どもを産むのが早かったこともあり、常に周りはなんでも与えてくれました。大人たちが食べきれないお中元やお歳暮《せいぼ》が回ってくるおかげで、ずいぶん生意気に舌が肥えたドラ娘《むすめ》がここで出来上がります。

しかし12歳のときに転機が訪れます。両親の離婚《りこん》です。

今は夫婦《ふうふ》の3組に1組が離婚するといわれていますし、私自身はこの経験をすごくプラスにとらえているのでまったく隠していませんが、思春期に訪れた環境の変化はとてもデリケートでした。

アダプテッド（適応）チャイルドという言葉をご存じでしょうか。ガチャガチャコーナーに通りかかっても向かっていかず、スーパーでカートを押してくれる子です。要は〝良い子〟。

年齢の割りに大人の事情を知りすぎると、コナン君みたいな子になるんですね。でも親が人生の転機を迎えながらも生きる術《すべ》を模索《もさく》する姿を見たのは良い影響です。

「できない」ではなく「どうしたらできるか」というマインドをここで得ることができたことはかなりの財産なので、感謝しています。

私に限らず、さまざまな家庭環境で育ってきた人が社会には混在していること、高校や大学など大きなコミュニティに進むにつれてその実感が強まります。20歳になった今、自分の生《お》い立ちと、現在の人格が作られた経緯《けいい》を客観視できるようになりましたが、当時はそれが世界のすべてだった。特に、先生が絶対でさまざまなルールに守られた小中学生の頃は、現状に疑問を抱くことがまったくなかったのです。

おそらく、全国にはそんな未発見ポテンシャルを持った生徒がたくさんいるはず。私は自分が校則改革プロジェクトを立ち上げたとき、他校の友人に変えてほしい校則はないか？と聞いてみましたが、1つも出てきませんでした。日常になっていれば、気がつかないようです。

生徒が主体となって校則を動かすためにまず必要なのは、「外を知ること」と「意見を持つこと」だと思います。現在よく見られる校則改革プロジェクトは、私立の一貫校《いっかんこう》などが生徒募集《ぼしゅう》のコンテンツとして生徒に活動を促《うなが》すという形です。外から見たら校則改革ができていても、本気で意義を持って取り組んでいる生徒の割合はどのくらいでしょうか。

程《ほど》よい熱量、問題意識、敷居《しきい》の低さが大切

ただでさえ人間は無関心な生き物です。自分に直接的な利益があるとわからなければ関心も寄せません。ましてや部活やテスト、塾、交友関係で忙《いそが》しい思春期の生徒たちの頭の片隅《かたすみ》に入れてもらうには相当な熱量が必要なのは明らか。先生側も、今でさえ手一杯《ていっぱい》なのに新しいことをする

サポートなんてできない。というのがリアル。

でも、生徒たちにとって自分の力で何かを変えたという成功経験や達成感は、とても価値があるものに違いありません。

学級や生徒内でのプロジェクトを成功させる詳しい方法については、もっと詳しい方の本を読んでいただきたいのですが、私なりにたどり着いた着地点は1つです。

答えを言わないこと。私が高校生のとき、さまざまな探究活動に取り組んできましたが、とにかく先生は答えを教えてくれませんでした。先生が答えや答えに近いガイドをすることで、プロジェクト自体のクオリティは上がります。

しかしそうなると次もその次も先生に聞けば大丈夫《だいじょうぶ》となってしまう。クオリティは低くてもいい、そのときに自分たちができる精一杯を繰《く》り返すことこそが熱量を保つ唯一の方法です。

先生はたまに近況を聞くだけにすると、悩み相談はチームメンバーにするようになります。困っているから助けようという相互扶助《そうごふじょ》の精神は意外と強いパワーを発揮しました。

ここまで活動をすることのメリットを申し上げてきたところなのですが、すべてを打ち砕く現実もお伝えします。

知らぬが仏という言葉がありますね。社会を知っていく過程で汚《きたな》い現実を目の当たりにすることもあります。私の場合、校則活動をしているパイオニア的な存在としてメディアからの取材が多かった時期、メディアの恐ろしさを知りました。

とにかく書かれたのは、先生vs.生徒の構図。勝ち取っただとか、闘うといったキーワード。Yahoo!ニュースに載ったときはコメント欄《らん》で誰だかわからない大人たちにさんざんなコメントを頂戴《ちょうだい》しました。メディアも商売ですから、とにかくキャッチーなワードを使いたがります。ツイッター（現：X）でも話題になるのは著《いちじる》しく理不尽な校則の事例ばかり。怒《いか》りの熱量を使ってバズらせても、長くは続きません。それに、なにか熱い人たちがいるなあ、と敬遠してしまう層が一定数発生すること間違いなし。

程よい熱量、問題意識、敷居の低さのキープこそ、マジョリティを動かす近道です。どうしてもこれを伝えたかった。現代はSDGsが流行語で、サステイナブル*1な行動をすることが美徳となってきました。でも、プラスチックストローのことを総叩《そうだた》きにしたり、逆に完全自然派のことを別世界と線引きしたりと、どうしても両極端になってしまう構図をよく見かけます。すこーしずつ歩み寄っていけばいいのに、それを許さない語り口。

ニュースのすべてを鵜呑《うの》みにしてはいけません。同じ出来事を多角的に見て、自分なりの意見を持ってほしい。校則活動を通じてそんなことも考えるようになりました。

入り口は校則だったけど、活動自体の根幹は繋がっていると思います。

自分のできることから着実にちょこっと社会に貢献《こうけん》できると感じられたらいいなあと願い続けます。

＊1 サステイナブル：「持続可能な」という意味。地球にやさしい営み。

校則問題と社会

小さな声が社会を変えていく

渡邉すみれ（わたなべ・すみれ）

2003年生まれ。明治大学政治経済学部に在学中、トビタテ！留学JAPAN15期生としてオランダに1年間のサッカー留学を行う。「主体的に意見が言える場づくり」をテーマに地元鎌倉《かまくら》で学生団体を運営。現在は、留学経験からウェルビーイング分野に関するPodcast「Mire's Lovely moments」を開始。

「校則を変えたい」と声に出したことから学んだもの

2003年、父の実家がある埼玉県久喜《くき》市という街に生まれ、8歳の時に神奈川県鎌倉市に移住しました。道端《みちばた》のふとした隙間《すきま》から根強く咲《さ》く「すみれ」は私にピッタリな名前です。

幼少期を過ごした埼玉では祖父が裏庭で農作業をしていたため、採れたてのきゅうりを頬張《ほおば》っては元気に走り回るような少女で、鎌倉に来てからも浜辺《はまべ》でサッカーボールを追いかける、そんな10代を過ごしてきました。

大好きなサッカーボールをただただ追いかけていた私が「アクティビスト」というカタチで世の中に意見発信をするようになったのは、第一志望だった公立高校の受験に失敗し、3つ先の駅の町にある私立高校に入学したことが全ての始まりでした。

〝自称進学校〟と呼ばれる母校には、テスト期間における頭髪検査、化粧《けしょう》や身なりに関する細かなルール、男女で分かれた名簿《めいぼ》などが存在し、皮肉にも学校の中に入ると数十年前の日本にタイムワープさせてくれるような場所でした。

毎朝、校門前で挨拶《あいさつ》をしてくれる、と見せかけて、主に女子生徒のスカート丈《たけ》の長さ&靴下《くつした》の長さをチェックする教員が数人立っています。そのため校門が近づくと多くの生徒がスカートの裾《すそ》を下ろし、靴下をあげることで校門で注意されないようにその場しのぎをする。そんな光景が日常でした。

生徒たちはこう言います。

「ああこの校則、本当になんのためにあるのかわからない」

「入学する前にこんなルールがあるなんて聞いてない」

「こんな学校来なければよかった。早く卒業したい」

みんなが不満を言い合う毎日。ただ、誰もそれを変えようなんて動き出しません。「校則を変えよう！」とアクションをして友達や先生から白い目で見られることを恐れるからです。私は、学校のルールのあり方、そして何より生徒たちの「不満は言うけれど何もしない、できない」状況にすごく怒りや違和感を覚えていました。

そんな中、高校2年生に進級すると同時にコロナウイルスが蔓延《まんえん》。学校閉鎖、オンライン授業への移行によって学校に行かない時間が生まれました。オンラインによって国内外を問わず様々な情報にアクセスできるようになると「やはり私たちの学校のさまざまな問題は、時代に合わせたアップデートがされていないから生まれるのでは？」と考えるようになります。

ジェンダーダイバーシティが表面化する中、生物学的な分け方で制服が決められている現状。部活動指導を含む教員の長時間労働。1クラス40人、画一的な教育。名前のある大学に入ることが正しいとされる風潮。

通っている学校の課題点が見つかれば見つかるほど動かない理由はなくなりました。

そしてコロナウイルスの対応に伴《ともな》い、学校が再開したある日のこと。

いつものように歩いていたら校門前の先生に言われました。

「靴下あげなさい」

家で靴下を履《は》いてから1時間以上経って学校に到着《とうちゃく》する頃にはもちろん、自然と靴下が下がっていますがその身なりを先生は認めません。私は聞こえていないふりをして通り過ぎようと試みるも「ちょっと！　待ちなさい。何年何組？　名前は？」と苛立《いらだ》ちを含んだ声で先生に止められます。

流石《さすが》の私もやはり「靴下が短かったとしても何がいけないと考えているのか、理由が知りたい」と思い、拳《こぶし》をぎゅっと握《にぎ》りしめて先生に尋ねました。

「2年5組の渡邉すみれです。先生、この校則がある意味言えますか？ その理由、言ってみてくださいよ」

先生もまさかそんな回答が飛んでくると思っていなかったのか、目を大きくして一呼吸おいてから、「あなた大丈夫？ ルールってのはね、社会に出てもあるし、高校にもあるの」と言うのです。

私はその言葉を聞いた時、すぐに頭の中が「?」でいっぱいになりました。そして、「それは理由になっていないですよ。〝なぜ〟この校則があるのか、その理由を教えてください」とカウンターすると、「あなたにその話を15分するなら進路相談に15分使いたいわ。担任と話しなさい」と言われてその会話は終わりました。

〝先生、逃《に》げたな!!! なんで靴下をあげないといけないのかを聞いているのに質問の答えになっていない！ 社会や学校にルールがあることはもちろんわかっているけれど、私は「何のために」あるのかが知りたいんだ!!〟と強く思いながら、朝の出来事を友達に話すと、「え？ それ（先生に）訊《き》いたの？ ヤバすぎ」と質問したことに共感してくれるかと思いきや、質問した私が〝ヤバいやつ〟とされてしまい、複雑な感情になりました。

その後にはっきりと「すみれの校則見直しの活動は応援している。でも大学からの推薦が消されたら嫌だから先生のところに一緒に意見を言いに行くことはできない」と言われたことは今でも鮮明《せんめい》に覚えています。

「あれ、友達って何だっけ……」

友達とは何かを考えさせられる出来事でもありました。

そして放課後、担任の先生に呼び出されました。

「渡邉、今朝、靴下のことで先生に注意されたんだって？」

今度は担任の先生に伝えました。

「私にはこのルールの意味がわからないし、わからないものを〝何となく〟守っている生徒たちが大人になった社会を想像したら恐ろしいです。だから理由が知りたいです」

議論を続けていくと、「スカートが短くて痴漢《ちかん》にあった子が過去にいたんだよ」「髪の毛も〝茶色オッケー〟にしたらどこまでの茶色がよくてダメなのかわからなくなるでしょ？」などの返答がありました。

私自身、「学校の校則は全部無くすべきだ！　自由にするべきだ！」と考えていた訳ではありません。

「ルールだから仕方ないよ〜」

「自分たちで学校や社会を変えられるとは思わない」

「私たちにできることは少ないから」

と、〝私たち〟が生活する学校や社会、それらの未来に対して諦《あきら》める周りのみんなを少しでも変えたかった一心でした。必要なルールとは何か？　を生徒たちが主体となって話し、自分たちで決めていくことができる場を作るため生徒会長に立候補することを決めました。


私があまりにも「校則を変えようとしている生徒」として先生たちに印象づいてしまったからなのか、生徒会長立候補の期日を教えてもらえなかったり、やっとの思いで立候補できたかと思えば、演説動画が半分しか流れず再演説になったりと、生徒会長になるまでの道のりは長かったです。

生徒会長をしていた当時の体育祭での様子

そして無事に生徒会長になることができたタイミングで、認定NPO法人カタリバの「みんなのルールメイキング宣言」が行われ、対話をキーワードにした校則見直しのムーブメントづくりに参画しました。全国各地の校則に疑問を持っている同世代と悩みを共有し、それぞれの学校に活《い》かすことが出来たこと、そこでの仲間との出会いは今でも大切な思い出です。

またカタリバの活動の中で全国の中学校・高校の先生と話せたことは、先生という職業の魅力や抱えている課題を客観的に知る機会にも繋がり、先生と生徒がフラットな立場となり、ルールをつくることの可能性を感じた瞬間でもありました。

〝対話を通じて自分を知ること〟。

自分は何が好きで嫌いなのか、何がしたいのかしたくないのか、これらの意見を自分の言葉で伝える人が増えたら小さな意思決定にもっと自己実現が生まれてくると思います。

「夢中」ってかっこいい。そんな子どもで溢《あふ》れる社会を創りたい

「夢中に生きる子どもで溢れる社会」

一生涯《いっしょうがい》かけて創りたい、残したい、見届けたい、そんな景色。

高校3年生の頃、地元鎌倉で古民家を活用した子どもたちの居場所づくりがしたいと思い、友人らと学生団体Cominiaを設立。3年半にわたり運営する中で地元の子どもたちや学生が夢中になって古民家の再生を行ったり、ものづくりを行ったりする姿に何度も元気をもらいました。

「この夢中になる感覚、これからも忘れないでほしいなあ」

と率直《そっちょく》に思う気持ち。

SNSによって簡単に情報を発信したり、キャッチできたりしてしまう今だからこそ、相手の

顔を見て、その場の空気を共にして〝感じる〟を大切にできる場を作っていきたいと思いました。

学生団体の運営から学んだことや校則活動、各文献から得た知識が積み重なっていくうちに、一度日本を俯瞰的《ふかんてき》に見てみたいと思う機会も増えていきました。「教育制度が見たいから」「海外でサッカーがしたいから」この2点が主にオランダを選んだ理由ですが、何より〝環境が大きく変わった時、私は何を学んで日本に帰ってくるのか。新しい自分を知りたい〟そんな欲求でもありました。

「オランダや北欧《ほくおう》の教育は発展している」とよく聞きますが、国土も、人口も、歴史も、地理的な条件も異なる国を単純に日本と比較《ひかく》するには無理があります。そこで実際に自分の目で見たものを「私なりのカタチ」で日本に持ち帰りたい、その「私なりのカタチ」を探しにいきたい、と考え、大学を休学し、トビタテ！留学JAPANという奨学金《しょうがくきん》制度を活用してオランダに留学することを決めました。

「言語や文化背景を超えてサッカーボールで繋がる瞬間」を経験してみたい。

オランダの学校にある「コーヒールーム」を見てみたい。

大きなことから小さなことまで、すべて自分のしたいこと、見てみたいものは声に出してみる。

その繰り返しが私の人生をつくっています。

大人になっていくけれど、夢中に生きる子どものように無邪気《むじゃき》に、素直に生きること。

自分自身がそうあることがまず大切だと思い、「私は何を思ったのか」と心に耳を傾《かたむ》けて日々を生きています。

〝Everything happens for a reason.〟（すべてのことには意味がある）

きっと、あの時の選択が今の私を創っているのだと思います。家族の反対を押し切り始めたサッカーも、思いがけなかった高校生活で声をあげた経験も、自分の目で「世界で一番幸せとされるオランダの子ども」を見たいと思って留学したことも。

周りと違うことをするって怖い。でもそれは同時に大きな可能性でもあります。読者の方が少しでも自分の心に耳を傾け、社会に対しての違和感を「あなたらしい」カタチで解決できますように。一緒に未来を創りましょう。

学校での対話と民主主義

森で学んだ対話と民主主義のこと

林樟太朗（はやし・しょうたろう）

2008年生まれ。滋賀県立膳所高等学校生徒会長。立命館アジア太平洋大学（APU）2024年度高校生特命副学長サミットメンバー、フリースクール「スキニシー学校」学生評議員。NPO法人「School Liberty Network」、「We are no longer sheep」でも活動。

はじめに

青い空の下。森の中を、手でしっかりと、宝物のように大事に抱えた石や木の枝を持ち、イノシシの掘《ほ》り起こした穴を飛び越え、駆《か》け回っている子どもたち。前日の大雨であふれた池には流木がぷかぷかと浮かび、ときには蛇《へび》が現れ、子どもたちは純粋《じゅんすい》な目で興奮しています。

「誰かの自由が誰かの自由を傷つけない限り、なにをしていても良い」

何かをうまく言葉にできない当時から、そんな、ゆったり流れる時間と雰囲気が好きでした（その感覚が「自由の相互承認」なんていう哲学の言葉で説明できるようになったのは、もう少し後のことなのですが）。

私は5歳の頃から、休日に、自然の中で保育を行うデンマーク発祥《はっしょう》のオルタナティブ教育*1による「森のようちえん」に通っていました。「みんなが当たり前にしている大縄跳《と》びの順番待ちができなかった」私。「毎日決まっているお昼寝の時間に寝たくない」私。ずっと通っていた公立の子ども園が、納得《なっとく》しないと活動できない私には向いていなかったようです。両親が新たな居場所を探してくれていたのを、今でも少しだけ覚えています。

「森のようちえん」では、すべてのことを子どもたちの「対話」によって決定していきます。たとえば、昼ごはんをいつ食べるのか。どこで食べるのか。先生が何かを指示するわけでもないのですから、「食べない」なんていう選択肢も私たちにはあります。全員が納得するまで対話は続きます。もちろん、内容によっては、話し合いは何時間もかかることがあるし、次週に持ち越すことさえありました。どんな意見も許容され、誰もが本音で語り合える空間が、そこにはあります。

小学校に入り、そんな環境にいた私は驚きました。「筆箱は机の右前の角にきちんと寄せなさい！」「廊下《ろうか》を走ったら10歩戻りなさい！」「体育の時間ではマイナスな発言はしてはいけません！」。当時の私の言葉で言うと「ほんまになんでなん、意味わからへん」。高校生になった今でも理解できず、どこか納得できないルールや指導がとても多かったのです。そしてそんなルールや決まりは、絶対的なものとして私たちの間に共有されました。それ自体に声を上げることはもちろん、疑うことすら許されない。そんな、学校の閉鎖的で、画一的な暗黙了解《あんもくりょうかい》の空気感を、今これを読んでいただいているみなさんも一度は感じたことがあるのではないでしょうか。

中学校では、「全会一致《いっち》」には時間がかかるというデメリットがある、と公民の授業で教えてもらいました。全会一致が当たり前だった、小さい頃の森での対話がふと頭をよぎります。よく、多数決と民主主義は同義として捉えられます。ですが私は言語化できずともずっと昔から、必ずしもそうではないことを知っていました。文化祭の出し物を、話し合いをせずに意見が17対16で割れたとしても「多数決だから」といって決定することが民主主義ではないことを知っていました。そして、対話にかけた「時間」こそが、対話の醍醐味《だいごみ》であり、「納得」をもたらすのだと、うまく言葉にできなかった当時から感じています。すべてが慌《あわ》ただしく動く学校で、そんな豊かな対話を実現するのは、確かに少し難しいし、手間がかかるのかもしれません。

森で石の匂いをかいでいる私

ですが、小学校に入り、それまでの環境とのギャップを感じてから約10年。難しいし、手間がかかるのかもしれないけれど、私は「対話」こそが、学校教育が民主的な営みになるためには欠かせないもののように感じるのです。

校則について思うこと

はじめまして！　紹介が遅《おそ》くなりましたが、林樟太朗と言います。祖父の寺に、樹齢400年のクスノキ（樟）があることが、名前の由来です。滋賀県で鶏《とり》2羽と猫《ねこ》と両親、妹と暮らしています。田んぼばっかりで、星が綺麗《きれい》に見えて、近所の人も優しい（毎朝3時に鶏が鳴いていても怒らない方々、ありがとうございます）、そんな場所に住んでいます。山に登ったり、ギターを弾《ひ》いたり、絵を描《か》いたり、祖母の畑でハンモックを張って本を読んだり、が趣味といったところでしょうか（この原稿も祖母の畑のハンモックで書いています）。あ、特技はどこでもいつでもいつまでも寝られることです。

私は中学に通った3年間で、校則見直しの取り組みを進めました。多くの学校で見られる、合理的でないと感じる校則や指導に疑問を持ったからです。

疑問の原点は簡単に言うと前述のような「幼少期に知った、自由と対話の面白さ」です。「自分たちのことは自分たちで話し合って決める」という、私が「森のようちえん」で知った民主主義社会ではあたり前とされているはずのことは、学校教育の場では無視されてしまうことが多いような気がしました。

繰り返しますが、私は中学3年間で校則を対話的に見直すという取り組みを進めました。確かに、私は校則見直しが行われることを、とてつもなく！重要だと思っているのですが、私が中学校内で生徒会長として「校則見直し」を訴えたり、学生団体を立ち上げ、社会に「学生としてのさまざまなモヤモヤ」をぶつけたりしていたのは、ただ校則を変えたかったからではありません。むしろ、校則なんてどうでもいいなんてさえ思います。

今、世間ではいわゆるブラック校則に注目が集まっていますが、それは校則が、誰もが一度は通ったことのある、自分の実感が伴うものであるからでしょう。だからこそ、注目されやすい。日本の学校教育の「声をあげても変わらない」「取りあえず従う」といった側面の象徴が、「校則」であると言えるでしょう。背伸《せの》びした言葉で定義するならば、校則はあくまで日本の閉鎖的で権威《けんい》主義的な学校教育の「象徴」です。「個々の細かい校則の是非《ぜひ》」自体に大きな問題があると言うよりは、そんな校則を生み出し、それでもなお変化を与えない学校教育の「ブラック構造」に問題があるのではないでしょうか。だからこそ、校則そのものではなくて、それらを見直すためのプロセス（つまりここに対話が関係してくるような気がするのです）にこそ学校がより良くなるためのヒントが眠《ねむ》っているように思うのです。だから、校則見直しの活動を行っている時でさえ、校則自体ではなく、むしろそれらをどう見直すのかというプロセスの方を私は工夫し続けました。

「正直校則自体はどうだっていいのに、私が校則見直しを訴える理由」、それは、「この世に生きる1人ひとりが自分の意見を伝え、他者の意見を深く知り、対話する」そんな当たり前のことが学校でも行われ、「1人ひとりが心から自由を感じることのできる社会」に自分自身が暮らしたいからです（社会で当たり前のことは、学校でも当たり前じゃないといけない。けど、生徒には失敗も許される。これが教育の本質のような気がするのは私だけでしょうか）。1人ひとりが心から自由を感じることのできる社会。そんな社会を実現したいと強く思います。そのためには、今の「ブラック構造」を考え直すことが欠かせません。あくまで、校則見直しは、「1人ひとりが心から自由を感じることのできる社会」を「構造」から考えるためのただのきっかけであり、ただの手段であるのです。

「アクティビスト」について考える

さて、私自身、本書においてはじめて「アクティビスト」と呼ばれました（自分はアクティビストだったのか？　ちょっとびっくりしました）。

話は少し脱線《だっせん》しますが、記録として残る労働者史上初のストライキは紀元前1170年にまで遡《さかのぼ》ります。古代エジプトのピラミッドを建設する労働者たちが、少なすぎる食料支給に反発して座《すわ》り込みをし、王は追加の食料支給を行ったのだとか。彼らは自分たちの正当な権利を、実際に行動してみることによって勝ち取りました（なんかいい話ですよね、僕は結構こういうの好きです）。

「アクティビスト」「活動家」というと学生運動や暴力革命といった少し危険なイメージがある

かもしれません。でも、気候正義を求める運動。平和や、誰もが暮らしやすい社会を求める運動。校則見直し等、学校教育の変革を求める運動等々……、書ききれないほど、今、たくさんの人々が声を上げています。いや、人々はむしろ古代エジプトの時代から、声を上げ続けてきたのです。誰にでも、社会に対する違和感があり疑問があり葛藤があります。だからこそ、私はどんな人も「アクティビスト」なんだと思います。アクティビストでいることを誰もが許容してもらえる社会が必要だと思うのです。だって、より良い社会を目指して声を上げることは、すべての人に許されるべきことなのですから。何もおかしいことではないのですから。誰もが自身の「違和感・疑問」「思いや葛藤」を思うように伝えられ、対立だけでなく対話によってそれらを考える社会に、私は暮らしたいのです。それは、アクティビストが、特別な存在ではない社会です。

以降では、実際に私が自身の学校で校則見直しの活動を進めた方法、つまりアクションを起こしてみた過程をお伝えします。

校則って、どうやって見直しを始めるの？

校則見直しの活動をしたい……。ただそう思うようにはなったものの、システムとして出来上がっている「校則」をどのように見直していけばいいかがよくわかりません（そもそも校則を見直すための校則がないことっておかしいですよね。憲法でさえ改正の手続きがその中に定められているのに）。そして、「見直していくこと」を誰に、いつ、どのように働きかけるべきなのかがよくわかりません。とても長い間、どのように、どのような形で活動を始動させるかという点で悩みました。とりあえず思うことの書類を作ってみては消して、なんてことを繰り返してみたり。「対話的に、みんなで校則を考えたい！」そう強く思っていても、どう行動を起こせばいいのか、どう変化に繫げようとしたらいいのかわからない。悩む日々が続きました。

1年生の秋。「生徒の生徒による生徒のための生徒会」を掲げて生徒会選挙に立候補し、生徒会執行部として当選しました。でも、当選しても、これまでと同じようにどうアクションを起こしたらいいのかと悩む日々がずっと続きます。

ある日、とりあえず全校生徒の意見を聞いてみようと思い立ち、目安箱を設置して、アンケートを数回にわたって実施しました。そのときの私は、生徒の9割くらいが「今の校則に疑問を持っている」と回答するだろうと予想していましたが、実際にアンケート結果を集計して驚くことになります。

「もしかして、生徒は保守的なのだろうか？」

この疑問は活動する中でもよく感じたことです。前述のアンケートなどで、意外と「今の校則に疑問を持っている」と回答する生徒が少ないのです。活動を続ける意味さえ見失うこともありました（仮に全校生徒全員が、校則を見直したいという僕の意見に反対だった時、活動は果たして正しいのだろうかといった具合です）。けれど、さらにアンケートや意識調査を行う中で、気づくことがありました。「今の校則は少し嫌だけど、自分たちで変えられると思っていない」そんな生徒が大半を占《し》めるのです。私の勘違《かんちが》いだったのかもしれません。校則に「保守的」なのではなく、「変化」を起こせることを「知らない」生徒たちが多いのです。私は幼少期の森での経験から、私たちでも変化を起こすことができるはずだと信じていました。「保守的」なのではなく、「変化を起こせることを知らない」のか。私は、「校則は私たちの手によって見直せるんじゃない？」というメッセージを生徒たちに伝えることに重点を置くようにしました。もちろん、「変えられる」ことを前提として、校則はこのままが良いと思う人、つまり、自分の中で校則にはっきりとした合理的な意味を感じている生徒の意見は尊重し、対話しました。ただ、「変化」を恐れる人が多いこと、学校に「声を上げても変わらない」そうした空気が蔓延していることは怖いことだと思います（そんな学校で過ごした人たちが大人になって、次は教育を行っていく立場へと変わるのですから、社会全体でも同じような気がします。教育と社会は相互に影響を与えますね）。

そこで、学校で時間をもらい、全校生徒約450人と先生方が各クラスで一斉に校則について対話する機会をつくりました。先生方との意見を交換《こうかん》する場を開いていく中で、「変化」を恐れる生徒の空気、「空気を読みすぎる」先生方の雰囲気は、少しずつ変わっていったように思います。「自分たちでもなにかを変えられる」そう思う生徒が増えてきたように感じました。さまざまな問題を、自分ごととして捉える生徒が増えるようになり、その意見を対話を通して共有すること。これこそ校則見直しの醍醐味です。

「校則見直しは主権者教育にもなるのか！」そう強く実感しています（教科書の「民主主義」にマーカーを引いて覚えることは、何ら本質的な学びではありません。みんなでルールを対話によって作ることこそ、何よりも大切な市民教育の一つになるのです。ここで対話による成功体験を得た生徒たちが、将来より良い社会を作ってくれるような気がして、私は少しワクワクしていました）。

また、学校外での活動としては認定ＮＰＯ法人カタリバのみんなのルールメイキング委員会中高生メンバーとして、校則見直しへの対話の重要性をさらに感じながら活動し、アクションの起こし方や全国の校則見直しの事例を学びました。そこで出会った仲間とは学生団体を立ち上げ、校則問題の有識者の方々との対話の場を持ち、それを配信しながら、さまざまな立場の人が校則に感じていることへの理解を深めました。

また、国会議員をはじめ政治家の方々と校則問題を話し合う機会をいただくこともありました。政治家の方々の多くは校則問題に理解があるように感じます。なのに、立法や大胆なアクションが起こらないのはどうしてだろうという疑問は常に浮かびます。

さて、アンケートを取り、意識調査も行ったところで、生徒会執行部内で校則見直しにおいて大切にしたいことや方針を考える会議を何度も何度も行いました。まず、あくまで校則見直しは「手段であること」、そして校則が時代の流れを踏《ふ》まえるとともに、生徒、先生、一人ひとりの尊厳や多様性が大切にされて、「納得」を生み出すものへとなるよう見直すことを確認しました（校則見直しはあくまで、学校に関わるすべての人が幸せに過ごすことができるようにするためのプロセスなのです）。

生徒の生徒による生徒のための学校を作る

約1年もの間、多い時は毎日のように、生徒会執行部の仲間たちと、生徒へのアンケートや意識調査で見えてきたこと、大切にしたい指針などをもとに話し合いをし、「校則見直し生徒会執行部原案」を作成しました。その間も毎月生徒会広報誌を発行して生徒に活動の進捗《しんちょく》状況を伝えたり、全校生徒の集まる生徒総会で活動の説明をしたりと、生徒と先生方が「納得」できるように活動を進めました。先生方と生徒の代表が話し合う機会も何度も設けることができました。

話し合いの資料は数百枚にのぼり、話し合いをした日数・時間はもはや数えることさえできません。自身の進めているプロセスは本当に対話的なのだろうか。思いをいろんな人にもっと伝えるにはどうしたらいいのだろう。良い学校ってそもそもなんなのだろう。私だけが一人歩きしていないかな。3年間、たくさん悩みました。

ていねいな対話のプロセスを目指したことで、生徒総会で全校生徒一人ひとりが1票を持ち、「校則見直し生徒会執行部原案」は可決されました。ここからも、まだまだ生徒の意見を聞くことを続けました。

最終的には教師会での承認、そしてPTA総会でもご理解をいただき、これからの試行期間を経て、校則は大きく変わることになる予定です。髪型の決まりや装飾品《そうしょくひん》、靴などの色、男女別に記載されている制服の表現を変え、校則見直しのプロセスも明記することとなります。

ここで、新たに校則改定の流れを記したページに書かれた前文を紹介させてください。

「校則の見直しは、生徒と教師、保護者がそれぞれの立場でより良い学校を作るという同じ目標のために行うものであり、十分な対話と合意形成、より多くの人の相互理解と納得をもって行われる。また、校則の運用の主体は本校の生徒にある」

ここに、想《おも》いが、大切にしてきたことが凝縮《ぎょうしゅく》されているようで少し感動するんです。


でも、校則が変わることになったことよりもうれしいのが、生徒たちが自分の意見を持ち、よく校則や学校のシステムの話をするようになったことです。目指していた「生徒の生徒による生徒のための、民主的な学校」へ、活動を行うことで私の通った中学校が一歩でも近づいたのではないかと思っています。ここでは収まりきらないほど、たくさんのプロセスを踏んできました。驚くほどたくさんの壁にぶつかりました。ていねいな対話のプロセスを心がけて、活動を進めることができたことが、なによりの喜びです。そして誇りであり、価値です。

試行期間を経て、実際に校則の文言が変更される。それでもなお、生徒の心の声を聞き続け、活動を進める。次年度に引き継ぐ。一度実現した民主的なプロセスを継続《けいぞく》することは、とても大変なことなのかもしれません。私は大変な取り組みを後輩たちに残してしまったのでしょう。生徒みんなが心からやりたくなければ、すぐにやめていただいても構わないと思っています。けれど、私はその取り組みが、生徒にとって、学校にとって、社会にとって、大切なものであると強く信じています。

私は自身の通った中学校が大好きです。もちろん、いろいろな壁や葛藤は抱えてきました。けれど、自分の声を上げ続けることで、なにかが「そっと」動き出しました。最後まで活動を応援してくれた、本音で語り合える友だち、同級生、そして生徒会の仲間、全校生徒の存在が、なによりの支えでした。本当にありがとう。ここまで生徒の声を聞き、一緒に考えてくれる学校は少ないのではないか、と外部での教育関連の活動が増えてきた今、思っています。けれど、どんな親のもとに生まれたって、どんな学校に、どんな風に通っている、どんな生徒であっても、校則を見直すチャンスがあること、つまり自分の意見を誰にも邪魔されずに発信して、対話していけるような社会が、私は望ましいし、作らなければいけないと思います。こんな事例が全国に広がってほしいと強く願っています。

さいごに。

先日、高校受験を終えました。

私は小学校の頃から、テストの点数だけで友だちと比べられ親に怒られながらイヤイヤ学習塾に通う友だちを見て、言葉にはできませんでしたが、ずっと違和感を抱いていました。私がワクワクするのは、生き生きとグラウンドを走り回る友だちを見ていることであり、やりたくもない勉強をさせられている友だちを見ていることではなかったからです。

倍率が5倍と言われる志望校の受験会場に入った途端《とたん》、小学校からずっと疑問を持っていた超偏差値《へんさち》教育の渦中《かちゅう》に自身が入り込んでいたことに気づきました。ハッとして、少し怖くなりました。いつの間にか私がいた環境は、いつしか自分が疑問に思い、批判していたような環境だったたからです。今では自然とテストの点数を友達と競《きそ》うようになってしまった自分に嫌気が差します。それでも今も、これだけは確かに言えるということは、「点を競わせる」と言うことだけではない、幼い頃から感じてきた「ワクワクしない」教育は変わる必要があると強く感じていて、これからも変わらずその気持ちを持ち続けていたいということです。そして、自身が対話的な存在でいることで、社会に対話の輪を広げていきたいです。

今ふと久しぶりに、幼少期に遊んだ「森」へ行きたくなってしまいました。小さい頃、言葉にならないながらに感じた「対話的な感覚と本当の自由」を忘れないようにするために。

＊1　オルタナティブ教育：独自の教育理念を掲げた自由な教育。

教育制度と学校内での政治活動

「頭が良い」って何？ 憧れの進学校から、日本の教育制度を疑った

白坂里彩（しらさか・りさ）

2004年、仙台市生まれ。慶應義塾《けいおうぎじゅく》大学総合政策学部在学。高校3年生時に1人で「この国の学校制度を考える会」を立ち上げる。2022年6月、作成した参院選の仕組み解説ポスターの掲示可否を巡り教員と対立、Twitter で問題提起。現在は慶大初の立て看同好会を立ち上げた。政治や社会、人々への取材活動等を行っている。

転機は高校入学後にやってきた

2022年6月のニュースを皆さんご存じでしょうか。仙台《せんだい》二高で、参院選の仕組みを解説したポスターを作って学校内に掲示しようとしたら掲示許可がとれなかったと少しだけ話題になったのです。で、私がその問題の当事者だったりします。高校で「この国の学校制度を考える会」

という愛校会を1人で立ち上げ、いざ活動しようと思った矢先の出来事でした。

ではじめに、私がなぜこんな、名前からしてインパクトのある愛校会を作ったのかを説明します。

いきなりですが、私は中学まで、「文武両道のスーパーガールになる」という至上命題を掲げ、水泳では「オリンピック出場」、勉強では「どこでも一番」を狙《ねら》っていました。

しかも当時は万能感に満ち溢れ、本当になにもかもが順調に思えたので、私は天才だと調子に乗っていたのです（今思えば、すべて私の実力ではなく、周囲が作ってくれた環境によるところが大きいと感じますが……）。高校受験では、東北一の偏差値を誇る、憧れの仙台二高に合格することができました。

転機が訪れたのは、高校入学後です。受験勉強のために練習量を落としていたため、いつのまにか水の中で体が全然動かなくなっていました。周りにどんどん遅れをとっていく中、「オリンピック」を目指すのにはもう遅すぎるんじゃないかと、悔しいけど薄々《うすうす》感じ始めたのです。

さらに勉強もうまくいきませんでした。私は高校で、「なぜ」を満足するまで徹底《てってい》追求する勉強がしたいと思い意気込んでいたのですが、実際は機械的な暗記ばかりに時間を割《さ》かねばならず、数学の問題集などは辞書のように厚いものを渡《わた》され、「これを暗記しろ」と言わんばかりに演習し体得していくといった具合でした。他教科も結局暗記すればなんとかなるというものばかりでした。これでは、「多くの量を効率よくこなす」ことの育成にしかならないじゃないか、大学受験ではこんなゲームみたいなことで、〝頭の良し悪《あ》し〟が決まるのか？　これを〝高等教育〟と言うのだろうか？　次第《しだい》に疑問を持つようになったのです。

けれどそんな違和感を抱きつつ、私はそれまでの人生で、「水泳」と「勉強」の世界しか知らなかったために、「それらがよく出来なかったら自分に価値はない」みたいな強い強迫観念《きょうはくかんねん》に支配されていたのです。これが厄介《やっかい》でした。骨の髄《ずい》までしみこんでいる、自分のアイデンティティだったからです。

そのうち「こんな現実あり得ない、私はオリンピックに行き現役で東京大学に合格するんだ、そういう運命なんだ、いやそういう未来しか考えられない」という、なんの根拠《こんきょ》もない、下手するとちょっと危ない感じに傾いていき、当時の私は妙《みょう》に行動的になったのです。

高校2年生のときのある気づき

高校2年の春、水泳がだめなら違う競技でオリンピックを目指そうと、いきなりトライアスロンを始めました。競技用のロードバイクで通学するようになり、どんな急坂でも絶対に止まらず漕《こ》ぎきるというマイルールを厳守しました。放課後は学校でみっちり自習、その後はすぐ水泳の練習へ向かい、帰宅するなりランニング、筋トレ、最後に勉強を行うといった具合で、土日も水泳の朝練をこなしつつ、兼部《けんぶ》していた山岳部《さんがくぶ》で山に登ったりしていました。登山の後、そのまま水泳の合宿へ向かった日もありました。

「自分はこうでなければいけない」といった強迫観念がすべての原動力になっていたわけですが、

総じて私はこのような生活に、毎日うきうきしていました。今思うとあれはドーパミンの過剰生《かじょう》産かなにかだったのでしょうか、馬車馬のように生きていました。でも結局、トライアスロンは国費合宿まで行かせてもらったものの、やはり止《や》めたのです。トライアスロンのスイムって、周りに鼻を殴《なぐ》られたり四肢を引っ張られたりしながら泳ぐのですが、あれがどうしても無理でした。

またちょうどその頃、2020年の「東京オリンピック」をやるのかやらないのかという議論が、連日ニュースで流れてくるようになりました。私はずっと「オリンピック」を目指してはいましたが、新型コロナウイルス感染拡大の危険性もあって、常識的に今回は実施すべきではないんじゃないかと思っていたのです。しかし政府は開催に執着《しゅうちゃく》し煮《に》え切らない態度でした。そこに疑問を抱いたとき、はじめてオリンピックないしスポーツ競技全般に「利権」がつきものであると気がついたのです。オリンピックに対し絶対的価値を置き、「平和の祭典・キラキラスポーツイベント」というイメージを信じていただけに、多少ショックでした。

決定的事件の「東京大学前刺傷《ししょう》事件」

さらに衝撃的だったのは、2022年の1月に起きた「東京大学前刺傷事件」です。大学入学共通テストの会場だった東京大学・弥生《やよい》キャンパス前の路上で、当時17歳（同い年！）だった少年が現場にいた人々を刺《さ》した殺人未遂《みすい》事件で、「東大理三を目指せなくなったから、それ以外の自分に価値はない、人を殺し罪悪感で死にたい」という少年の動機を知ったとき鳥肌《とりはだ》が立ってきました。なぜかその価値観に自分と近いものを感じてしまい、自分もそうなっていたかもしれないと思うと本当に恐ろしかった。

そしてこの事件が、高校入学当初感じた私の「学校教育への違和感」を決定的にしました。人の価値基準を狭《せば》めてしまう今の学校教育、ないし、暗記でなんとかなるような受験制度・学習指導要領下で当たり前のように語られる「学歴志向」「高学歴信仰《しんこう》」への疑問を確信するようになったのです。わかりやすく言うと「なぜ勉強をしなければならないのか」という問いに対し、受験や就職への有利性を唱えるのではなく、「では学習指導要領が違ったらどうなるのか」と、その前提の妥当性《だとうせい》を問おうとしていたんです。

こんな感じで、「オリンピックには届かない」という絶望、またオリンピック自体への失望、自らの学歴主義への違和感、この3つが重なり、私を今まで強迫観念として縛っていた「文武両道」を絶対善とする価値観に対する問いが生まれていきました。

これらは「個人的問題」を「社会的問題」へ転換できるようになった、ということでした。政治などまったく関心のなかった私ですが、次第に目を向けられるようになり、自分の「個人的問題」と「社会的問題」が意外とつながっていたり、「社会的問題」として広く共有できる事象があるということに気づいたのです。政治に無関心であるせいか、みんなそのことに気づいていないところがあって、既存の社会に対し受動的な流れが強く、なんでもかんでも自己責任にしてしまう現状に問題意識を持ち始めました。

教育の構造を理解するきっかけ

このような経緯があって、特に東北一の進学校として「勉強第一」の空気感・常識がある仙台二高で、その価値基準の依存先である学習指導要領を問い、同時に社会への関心を促したいと思い、愛校会を設立しようと決意したのです。

とはいっても、当時私は受験生で、そんなに時間もあるわけではなかったので、特段大義めいたものを想定していたわけではありません。「教師も生徒も馬車馬のように勉強ばかりの退屈《たいくつ》な校内に一石投じてやろう」といった軽い気持ちでした。

愛校会を設立するには必ず顧問の先生を1人つけなければならず、これが少し大変でしたが、やっとのことでお願いできる先生を見つけました。でもその先生になにより先に言われたことは、「会内で特定の主義主張が共有・発達することのないように」ということだったのです。

私は前述の通り、本当に軽い気持ちで始めようと思っただけですから、例えば学生運動のようなことを起こす気はさらさらなく、というかそれらに関して当時はもう心の中で「過ぎた歴史」「タブー」という感覚が当然の了解となっていたので、先生方の危機意識の大きさには意表を突《つ》かれました。一方でもしかしたら、思いもよらずいつのまにか自分もそういうことに〝なってしまうようなもの〟なのか、と漠然とした恐怖《きょうふ》さえ感じました。

そういった状況の中、会の初めての活動として企画したのが、ちょうど2022年の6月に公示された参議院選について投票方法などその仕組みを解説したポスターの作成だったのです。18歳選挙権によって投票権を持つようになった同級生も多い中、とりあえず投票のハードルを下げることが必要だろう、と考えました。

しかし、ご存じの通りそのポスターは当初掲示を許可してもらえませんでした。ポスターは特定の主義主張を唱えるようなものではなく、ただ単に投票方法等を解説したものだったのですが、校則で禁止されている「政治的活動等」にあたるとされてしまったのです。

実は以前にも、こういったポスターを「制作したい」と相談した際、別の先生から同じような理由で制作を咎《とが》められたことがあったので、これは1人の教員だけでなく、教員全体ないし校内全体の意識の問題だと思いました。

ツイッター（現：X）の意外すぎる反響

ちょうどそのとき、政治や社会について意見発信したり情報を集めたりするツイッター（現：X）アカウントを持っていたので、そこで私が感じた現状を社会に問題提起しようと考え、翌日に思い切ってこの出来事を投稿したのです。すると思いもよらず反響は広がり、なんと翌日には4万件を超える「いいね」がついていました。多くの賛同のメッセージとともに、メディアからの取材依頼、著名人からの賛同意見、最終的にはなんと末松信介《しんすけ》文部化学大臣（当時）から、直接の応援メッセージまでいただきました。

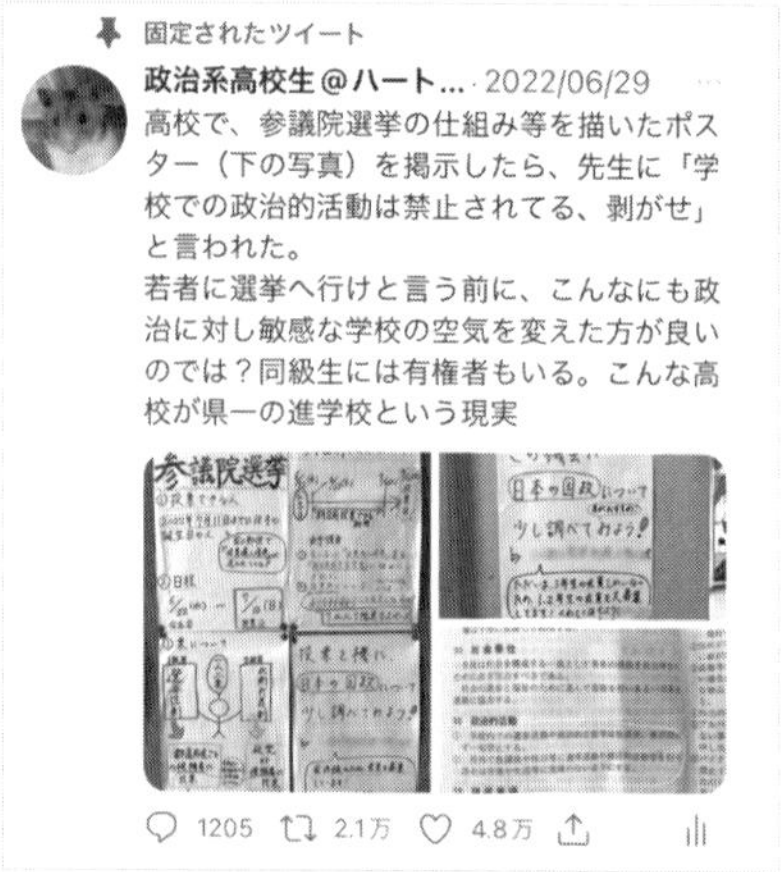

参院選の仕組みを解説したポスターの掲示可否をめぐる問題提起。実際のツイッターへの投稿

しかし、高校名を特定できるような内容で投稿したため、投稿の翌日、朝一番に顧問の先生に呼び出されたのです。その後は複数の先生と話し合う機会を得、その際に「愛校会の趣旨」及び私の問題意識を理解していただき、ポスターの掲示許可を得、さらに「こういう活動は全然していいよ」と先生からのお墨付《すみつ》きまでもらえることになりました。

でもその後、私は生徒会からも呼び出されてしまいました。はじめは「経緯を教えてほしい」とのことだったのですが、次第に、「なぜ高校名がわかる形で投稿したのか」「高校が叩かれて悲しいという声がたくさん出ている」と問い詰められました。私はそのことが気になり、以前から匿名《とくめい》で登録していたツイッターの「学校用アカウント」を開いてみると、おびただしい数の批判や非難がタイムラインに流れてきたのです。

「燃やせば（＝炎上させれば）先生動くだろ理論やめろ」「うちの高校を匿名のサンドバッグにするな」「不特定多数の人に叩かれる先生可哀想《かわいそう》すぎん？」「自分の学校を自ら貶《おとし》めてる」「愛校心がない」「何か政治系？っぽいような名前の変な愛校会が出来てたからそれの中身かな」

同校の生徒のみならず、もう卒業した、近隣《きんりん》大学に通うOG／OBからの投稿も多くありました。

さらに話題の波は近隣高校にまで及び、騒動《そうどう》後も、私に関する投稿は続きました。

私のツイッターのアカウント名：「政治系高校生@ハートのメガホン」から、いつのまにか「♡（ハート）」と「📣（メガホン）」の絵文字でこしらえた私を示す隠語《いんご》（ファンマーク？）ができていて、宮城県内の一部の高校生、大学生の界隈《かいわい》で連日、いじり倒《たお》されるようになりました。

私がそれまでツイッターで意見した内容を掘り返され「♡📣は反日左翼《さよく》、尖閣《せんかく》諸島に島流しにしよう」などと荒唐無稽《こうとうむけい》なことを書かれたり、ツイッターでも私の投稿にしつこく引用リツイートで嘲笑《ちょうしょう》してきたり、アイコンの写真から悪意満載のコラ画像を作られたり、学校を休めば「♡📣学校来い」と書かれ、街を歩いていたら「♡📣とすれ違ったww」と書かれ、私が「授業中に寝てる」とか、「何の本を読んでる」といった情報までいちいち共有されました。

一方で、学校で直接この騒動について言及《げんきゅう》してくる人は（一部の友人を除き）誰一人としていませんでした。

そんな中でも愛校会の活動は1人で続けました。これだけ話題になってしまった以上、もうやるしかないという感じでした。話題のニュースに合わせ、例えば「インボイス制度」を解説したポスターの作成や、1、2年生の生徒約６００人を対象に、社会についての意識調査アンケートを行ったりもしました。

活動の過程で先生や生徒から直接嫌がらせのようなことを受けたときもありましたが、それらはすべて、今の「学校」の問題点を再認識し、自分の問題意識を深める材料となりました。

またツイッターには、自分の問題意識に賛同してくれたり、応援やアドバイスの言葉をかけてくれたりする方がたくさんいました。

そのうちツイッターの中で私をしつこくいじってくる界隈の人の投稿にも、少しずつニュースに対する私見やリツイートが増えていきました。

さらに学校でも、その後（卒業式の日に）教育問題に関心があるというクラスメイトが「実はずっと愛校会に興味あったんだよね」と声をかけてくれたり、行動を起こした手応えを身近に感じられることもありました。

「おかしさ」を変えられるのは私たち

ところで、私は心の中でずっと引っかかっていることが2つあります。まず1つめは、果たして学校の「おかしさ」を大きな声で叫ぶことは「愛校心のない」行為《こうい》なのか、叩かれた先生は「可哀想」なのか、この出来事で高校の評価は下がってしまうのか、ということです。

正直、私はツイッターに投稿したことについて後悔《こうかい》はしていません。多分、あのまま学校での問題を私の中にだけとどめていたら、ポスターの掲示は許可されなかったと思うし、ましてや自分の問題意識を先生方に理解してもらい、活動全般の全面的な自由を認めてもらえなかったと思います。

「学校での常識」に、世論という「社会的な常識」を取り入れたことで得られた自由だったと感じます。「校則問題」にもあるように「学校での常識」は「社会の常識」とずれていることが多いし、ときにはその「社会の常識」でさえ「良識・モラルとしての常識」からかけ離《はな》れていることもあります。日本では、そういった理不尽にも我慢《がまん》し、耐え忍《しの》ぶことが「美徳」とされがちなのですが、すべての場合でそうすべきとは限りません。

特に学校は「勉強」「成績」が第一という意識が強いので、どんな理不尽なことがあったとしても「まあそんなもんか」「事を大きくするのも面倒《めんどう》だ」と流してしまうことが多い。現状を「変える」ということが本当に難しくなっています。

このように考えると私の多少インパクトのある行動は「そうしないと変わらないものだった」と思うのです。

読者の皆さんはどう思うでしょうか。

私は学校での理不尽な出来事について、なんでもかんでも晒《さら》せばいいと思っているわけではありません。ただ、そんな出来事に遭遇《そうぐう》した際に、ぜひ「学校以外」というもっと広い視点を持ち、「いま・ここ」を変える行動をしてほしいのです。

閉鎖的になりがちな学校環境の「おかしさ」に気付き、声を上げることができるのは、実際に内部にいる皆さんだけなのですから。

アイドルを語るように政治を語りたい

2つめは、私の中学時代の親友たちのことです。私は騒動以来、高校の違う彼女《かのじょ》たちと直接話をすることができていません。ですが親友たちは、私のこのニュースを知っているらしいし、ツイッターでの私の「強め」の意見発信にもかなり驚いていると聞きました。私のそれまでのキャラ（?）は「天然」といじられることも多いくらいだったからです。

もしかしたら、私は「変な宗教にはまってしまったようだ」と思われているかもしれない。私も政治に関心を持つ前は若いうちから何か政治に意見している人を見てそんな風に思っていました。若者が政治に意見、と言うとすぐ、（その当時はあまり詳しく知らなかった）学生運動の時代のイメージから、「連合赤軍事件」や「内ゲバ」、そういった暴力的なものが真っ先に漠然と想起されてしまいます。

意見が分かれる問題に対して真面目に語ることを、喧嘩《けんか》さえろくにしたことのない親友たちを前に、どう説明したらいいのでしょうか。私は友だちの前で、ツイッターの文字での投稿に表されるような「強い」意見や批判をしたことがありません。だから、正直自分がどう思われているのか、怖くて仕方ありません。

「政治に興味持っていてすごいね」

優しいからそう言ってくれるかもしれない。でもその言葉にはどこか「壁」がある。

そういったところからも政治についてのハードルが見えてしまうから、政治がますます高尚《こうしょう》で道徳的でニュートラルなものに描かれてしまう。

政治はみんなが無関係でいられない問題です。別に興味なんて持たなくていい。だから私は、「みんな政治に興味持ってよ」と言いたくない。「もっと社会について知ろうよ」と言いたい。

好きなアイドルや、例えば趣味の筋トレの素晴らしさを語るように、政治について語ってもいい。そんなことだけで「思想が強い」と言い、その人のすべてを決めつけたり、腫《は》れ物に触《さわ》るようにしたりしないでその人の一側面として見てほしいのです。

もちろん、政治は潜在的《せんざいてき》にセンシティヴな問題だから、ある程度リテラシーは必要で、そのためにも少し「社会を知ろう」と動くことは重要なんですが……。

とはいえ、いちおうこの国は民主主義なんだから、今ある自分の悩みごとや困りごとを共有するついでに、もっと気軽に政治や社会について意見を言ってみたり、または知識や日頃考えていることを語り合ったりしてもいいじゃないですか。

何かそんな、ある意味「温かい」空気感が、社会として広がっていけばいいのになあと私は思うんです。

時が少し経ち思う「行動」の貴重性

様々な葛藤がありつつ、それらを赤裸々に記してきました。

やはり改めて思うのは「おかしい」と感じたとき、その瞬間の感覚を大切にしてほしいということです。時代の流れや価値観を批判的にみたり、これが「正解」っぽいよね、という回答を、その問いや前提としての枠組《わくぐ》み自体から疑ってみる姿勢を持つことも重要です。

というのも、この文章を手直ししている今現在、私は大学1年生。正直、文章をまとめていた高校3年の秋頃とは比べものにならないほど多くのことを見聞きし、考え、慣れていた感覚も変化しました。なのでこの文章は、高校時代、行動を起こした当時の自分からの生々しい遺言状《ゆいごんじょう》のように読んでいます。

しかし誤解して欲しくないのは、私は自分の行動を、例えば「若気の至り」などと振り返っておらず、さらにニュースとして少し話題になり、世間の一部の人々や学校の人々から多少の非難の目を向けられたことに関しても「恥《は》ずかしさ」や「後悔」はまったく感じていないということです。むしろ、行動を自分の財産と捉えています。そして今後も、この「行動」を隠したりせずに生きていくことでしょう。

よく世間一般の大人は、「若いうちは元気だなあ」と言って、まるで私たちの年齢における行動を軽く見下したような言い方をします。そしてこういう大人が一定数いる以上、物分かりが良く思慮《しりょ》深すぎるような同世代には、自信を持って自分の意見を発したり実際になにか行動してみたりすることが、黒歴史になりうる幼稚《ようち》なものに思えてしまうのでしょうか。しかし私から言わせてみれば、そんな、おじさんおばさんの個人的ノスタルジーに萎縮してたまるか、という話ですね。

けれど逆に考えると、何かしらの「行動」というものは、就職などを機にいったん日本社会のレールにはまってしまうと、自然となかなかやりづらくなってしまう可能性が高いということじゃないでしょうか。そうすると、おかしいことに気づけて、さらに同じような問題意識を近くの人と共有できる、もしくはそれを自分たちの手で短期的・中期的に解決できるかもしれない、という状況は、特に若いうちに生じやすいものなのかもしれません。

少なくとも、私は「声を上げづらい人のいる社会」にNOを訴えていきたいのですが、現状は空気感的・構造的な圧力が強い社会の仕組みがあります。

だからこそ、「行動」へのエネルギーは本当に貴重で、「問題意識」は最高のタイミングで自分に巡ってきたチャンスだと思うのです。どうか臆《おく》せず、自分の考えを表現してほしい。対立構造を意識しているわけではありませんが、これはもちろん、「大人」についても同じ思いです。

そして今後も社会に向けて私は意思表示し、必要に応じて行動していくつもりです。

ということで、私自身ここ最近思うことがあり、やはりこの部分を強調しておきたいと思います。お読みいただきありがとうございます。皆さんの挑戦《ちょうせん》を心から応援しています。

大学入試の英語民間試験導入問題

揺《ゆ》らし、揺さぶり、揺るがす「ことば」

Photo by 井上 燎《いのうえりょう》（国際基督教大学）

丹野健（たんの・けん）／Chris Fotos

国際基督教《きりすときょう》大学教養学部3年。「言語教育」専攻。ことばの教育と、教育―社会の関係について学んでいる。かかわった著書に、鳥飼玖美子《くみこ》『10代と語る英語教育――民間試験導入延期までの道のり』（筑摩書房）、共編著『高校に古典は本当に必要なのか――高校生が高校生のために考えたシンポジウムのまとめ』（文学通信）がある。

「言葉とは元来、魔術でした。そして言葉は今日もなおかつての魔力の多くを失うことなく保持しています。言葉によって人間は他人を喜ばせもすれば絶望に陥《おとしい》れもします。教師は言葉によって生徒たちに知識を伝え、また弁士もやはり言葉によって参集した聴衆を感極《かんきわ》まらせ、彼らの判断や決定を左右します。言葉は情動を喚起《かんき》するもの、人間が相互に影響しあうための一般的な手立てです」*1

――フロイト

私を揺らす「ことば」

私は生まれてからずっと、日本語と英語の狭間《はざま》で揺れ動いてきました。日本人の母とアメリカ人の父との間に生まれたいわゆるハーフとして、「ことば」に悩まされてきました。良い意味でも悪い意味でも、これがなければ今の私はありません。自分は日本人なのかアメリカ人なのか。自分の拠《よ》り所はどこにあるのか。暗中模索とでも言えばいいのでしょうか。「ことば」に揺らされ、アイデンティティが曖昧《あいまい》になるあの感覚。私はこれまで、この根源的な不安定によって苛《さいな》まれてきたのです。

その中でも特に、第一言語が英語から日本語に置き換わったことは私にとって大きな出来事です。小さい頃は、英語話者の父と話す時間も多かったですし、ハワイに住んでいた期間もあって英語に触れる機会が多く、むしろ日本語が少し苦手なくらいでした。しかし、日本の小学校に入学して以来は一切国外へ出ていないからか、気づいたら日本語が優位になっていました。英語が、それと結びついたさまざまな想い出が、自分から離れてしまったような感覚です。

えっ、ハーフってみんな英語がペラペラなんじゃないの？ 確かにそう思いますよね。私もそう思い込んでいました。ただ、はじめは英語が話せていたとしても、読み書きや日常会話のほとんどすべてが日本語になれば当然、英語は抜けていきます。ハーフだからといってバイリンガルになることはないし、そうであろうとする必要もない。こんな単純なことにさえ、気づくまでだいぶ時間がかかりました。ハーフ＝外国語にも堪能《たんのう》という固定観念が、ずっと私を苦しめていたからです。「ことば」は、意思疎通《そつう》やコミュニケーションのための道具であること以上に、私たちの思考枠（認識や考え方）をつくりあげる呪い*2なのです。

中学校で英語を教科として学び始めた時、舌は英語を覚えているので発音は「それっぽい」。しかしネイティブほど流暢《りゅうちょう》に英語が出てくるわけではない。私はそのような中途半端《はんぱ》さが心底嫌でした。そして、そのことを話した当時の友人から軽い冗談《じょうだん》で「発音しかできないエセ外国人じゃん（笑）」と返された日にはさらにひどく傷つきました。私の「英語コンプレックス」はこうして肥大化していきました。

そのコンプレックスを自信に変えてくれたのは当時の英語の先生です。彼女の授業は文法事項について触れた後に実際に英語を声に出して使ってみるというような手法で、日本語をもとに英語について考え、かつその用法を身につけることができるものとなっていました。そのおかげで、だんだんと英語を伸ばしていくことができました。自分の失われた部分が取り戻されるような、そんな経験でした。

このような背景から、私は「ことば」の教育とそれを方向づける政策には人一倍敏感《びんかん》でした。高校時代に、大学入試における英語民間試験導入と向き合ったのは、きっとこのためでしょう。

英語民間試験導入について

大学入試における英語民間試験導入とは、2020年度から入試改革の一環として行われようとしていた政策です。これまで「読む」「聞く」の2技能しか測れなかった旧センター試験は選《せん》抜《ばつ》試験として不十分であり、「書く」「話す」も含めた4技能を評価するために英語民間試験（例えば、TOEFLや英検など）を導入しよう、というのが文科省の言い分でした。しかし、その理念以前に、受けたい試験の会場がない地域があることや、受験料の負担が増えることなど、地域格差・経済格差の助長という観点から批判の声が高まり、本制度は撤回《てっかい》されました。

政策決定のより具体的な経緯と問題点、そして反対運動の詳細については他に譲《ゆず》りますが、[*3]私は高校時代、この政策に対して反対の声をあげていたうちの1人です。その動機についてはこれまで、「その政策に巻き込まれることになる受験生＝当事者であったから」とさまざまなインタビューや寄稿で繰り返し語ってきました。[*4]しかし、考えを深めていくと、そのこと以上に、「ことば」という存在が私にとってそれだけ重要だったのではないかと思うようになりました。この文章を私の回想から始めたのは、その原体験について知ってもらいたかったからです。

私は「ことば」に翻弄《ほんろう》されながらも、「ことば」そのものと向き合うことによってハーフという呪いと向き合うことができました。今振り返ればそれは、英語民間試験導入という問題に対しても同じでした。では、私はどのような経緯で声をあげることになったのか。実際に声をあげてみるとどうなるのか。そこでどのような「ことば」が私を揺さぶってきたのか。そして、「ことば」とは私にとって——あるいは、あなたにとって——何なのか。このことについてみなさんにお伝えしようと思います。

きっかけ

２０１９年の8月、当時高校2年生だった私は日本学術会議の公開シンポジウム「国語教育の将来——新学習指導要領を問う」に聴衆として参加しました。*5 概要《がいよう》としては、新学習指導要領における高校国語の問題について「研究者」「(元) 教員」「役人」のそれぞれの立場から意見を交わすというものでした。

本シンポジウムが高校の国語教育について多角的に斬《き》り込むための集まりだったことは確かでしょう。しかし、その場に当事者である生徒、つまり高校生の視点が取り入れられていないように感じました。そこで私はフロアも交えた議論で文科省の役人に対して「今から言うことを文科省のトップに伝えてほしい」と前置きをした上で、一連の教育改革に対して以下のようなことを述べます。

ただでさえ負担がかかっている教育現場において、教員には新しい学習指導要領を丸投げし、大学受験生には新共通テストを課すのはいかがなものか。そうすると教員と生徒に混乱を招くどころか教育が崩壊《ほうかい》に一歩一歩近づいていってしまうのではないか。一連の改革を見直すためにも一度立ち止まってほしい。失敗した時に犠牲《ぎせい》になるのは私たち高校生です。

新しい形の入試が刻一刻と迫るなか、方針があやふやで先が不透明な制度に対して当事者としての不安が募《つの》っていたことがここに大きく表れています。また、教員志望としてこの先の教育について案じている様子も窺《うかが》えます。

発言ののち、文科省の役人はただ一言、「しっかりとこの意見を大臣に伝えます」と約束し、シンポジウムは終了しました。

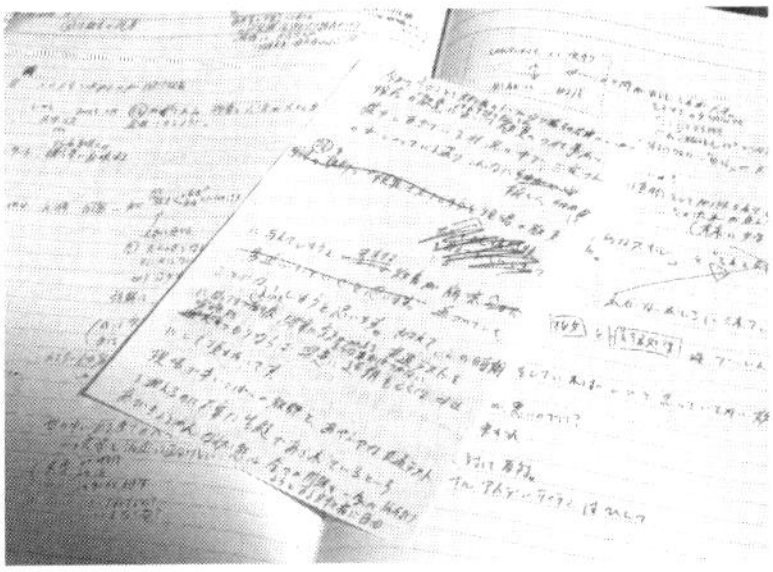

シンポジウム当日にとっていたメモ

今思えば差し出がましい、勇み足な私の発言でしたが、このことが引き金となってその後の出来事が動き出していきます。シンポジウム終了後の会場で「議論とは関係のない私見を述べてしまったのではないか」と不安になっている私に、「AERA」という雑誌の記者が声をかけてきたのです。彼女は入試改革について追っていて、私の発言を聞いて当事者である高校生の意見をもう少し詳しく聞きたいとのことでした。大人は案外、自分より若い世代の意見に興味津々《しんしん》なようです。それまで取材なんて受けたことがなかったのでどうするか迷いましたが、その日の行動や感じていることを形にしてもらえるならということで取材に応じ、その日を終えました。

サイレントマジョリティは賛成？

その2週間ほど後に、入試改革への批判の声に対し、当時の文部科学大臣であった柴山昌彦《しばやままさひこ》氏はツイッター上でこのように反応します。

サイレントマジョリティは賛成です。[*6]

これは政策に反対する人たちを小さく見せるための話法（レトリック）そのものです。「一部の人たちは政策に反対しているけれども、物言わぬ（silent）大多数（majority）は賛成していますよ」と、沈黙《ちんもく》している人の声を政治家が勝手に代弁しているわけですから。しかし、沈黙は常に賛成を意味するわけではありません。思うことがあってもただそれを口に出していない、あるいは出せない状況にあるのかもしれません。そもそも政治家というのは、まずはそこにある声を拾い上げることが使命なのではないでしょうか。その点で、この話法は非常に危《あや》ういものです。歴史を振り返れば、アメリカの大統領を務めていたニクソンも、継続に反対の声が上がっていたベトナム戦争について全く同じフレーズを使ったことで、議論の的になりました。

そんなあからさまな詭弁《きべん》を現代日本の政治家が使うとは。私はこれに対して衝撃と怒りを覚えました。加えて、一介の高校生の意見が大臣に届くなど現実的でないことも頭ではわかっていたものの、前述のシンポジウムで述べた自分の考えが「トップ」に届いていないのだと悟《さと》り、悔しさを噛《か》み締《し》めました。

自分に関わることは政治が決めている。しかし、主権者である国民の意見がそこに反映されているとは言えない。「国民は国の主人公」って小学校で習ったのに、なんで？　私はそう感じて、どうにかしてこの問題を止める方法がないかと躍起になります。でも、どうすれば良いのかわからない。そんな折、前に受けた取材の記事がネット上で公開されました。

石田かおる氏による「英語民間試験『中止』『延期』が９割　高校生が直訴《じきそ》する異常な事態」という題のその記事[*7]には、少なくない反応がありました。特に、「高校生が直訴」というフレーズに注目が集まっていたように思います。環境問題について訴えているグレタ・トゥーンベリさんを思い浮かべてもらえると理解が促されると思うのですが、若者が社会や大人に対して声をあげることは「画《え》として」わかりやすくセンセーショナルなのでしょう。私はいわばそのような「若者の特権」を自覚してうまく動けばその問題を世間に届けられるはずだという妙な確信を得ました。柴山大臣に対して怒り、この問題をどうにかしたいと荒《あら》ぶる私でしたが、そこに冷静な分析《ぶんせき》が乗っかる形で、動いていったのです。

なお、〝How dare you!（よくもそんなことを！）〟という印象的なフレーズで注目を集めたグレタさんによる国連気候行動サミットでの演説は、ちょうど入試改革の問題が加熱していた２０１９年９月に行われたものです。

ここで、このふたつの運動に共通する点についていくつか述べておきましょう。運動自体というよりも、その報道のされ方についてです。すなわち、社会へ何かを訴える若者をメディアが報じるとき、若者が感情的になっている部分が強調されやすいという点です。

私の場合では、記事の副題にある「高校生が直訴」という部分がそれにあたります。「直訴」というのはふつう、「立場が上の人に対して手続きを踏まえずに何かを訴えかけること」を指すので、まさに直情的な言葉です。記事のタイトルだけを読んだ人によっては、まるで私が突如として会場に侵入し、ただただ放言しただけのように捉えられてしまうかもしれません。

グレタさんの場合は、よりあからさまなものになっています。YouTube上で、「『裏切るなら絶対許さない』グレタさん　国連演説ノーカット（19/09/25）」と調べてみてください。そうすると、国連気候行動サミットでの演説をノーカットで報道した「ANNnewsCH」による動画がヒットします。グレタさんが怒りに顔を赤くしたサムネイルがひときわ目を引くことでしょう。また他にも、同じチャンネルから公開されている、「国連で16歳少女が〝涙の訴え〟各国メディアは・・・（19/09/24）」というニュース動画がその下に出てきます（2024年8月21日時点）。怒った顔のサムネイル、「涙の訴え」……。先に取り上げた「直訴」と似た香りを感じませんか。

ここまで見てきたタイトルやサムネイルの例からもわかる通り、社会へ何かを訴えかける若者は、その感情的な表出をメディアによって切り取られやすいのです。その理由としてはおそらく、「まだ何も肩書きもないピュアな若者が、しがらみにとらわれた大人たちに物申す」という構図に物語性があるからでしょう。若者はここで、まるで大人に立ち向かう英雄（ヒーロー）かのように称揚《しょうよう》されてしまうのです。「若者の英雄化」とでも言うべき事態です。あるいは、訴える内容の善し悪しすらも判断されずに崇《あが》められる場合は、「若者の神格化」と言うべきかもしれません。

たしかに、このような要素が「若者としての特権」へと繋がることは素直に認めるべきでしょう。世間の耳目を集め、訴えたい内容を広げることに利用できる側面は少なからずあります。ただし、この際は注意が必要です。

まずそもそも、社会問題は若者 vs.大人という二項対立的な図式に収まるほど単純なものではありません。問題を訴える側（この場合は「若者」）にとっては、メディアの作り出した図式にただ乗っかって、様々な利害関係にある大人をすべて敵とみなすことは避けたいものです。無為な争いをそこで生んでしまうと、そのことに注目が集まり、結果として本来訴えたかった問題の方が置き去りになってしまうかもしれないからです。まさに本末転倒です。

社会の理不尽に対して怒りという感情を持つな、抑えろという説教ではありません。私はむしろ、怒りは合理的であり論理的であると思っています。あなたがそう感じるに至った背景や理由が、そこにあるはずですから。結論めいたことを言いますが、怒りという破壊衝動は、やり方次第では理性的な創造のきっかけになりうるのです。

では、怒りという暴れ馬を、どのように手懐《てなず》けるべきか。その答えは、内から沸《わ》いてくる怒りを否定せずにあくまでも冷静に見つめ、自分と社会へ問いを投げかけることのほかにないと思います。その方法についてはこの文章の最後に詳しく述べましょう。

「ことば」で揺るがす

柴山大臣の発言からは、当事者としてその問題を広げることに徹していました。どのようにしてか。ただひたすら、さまざまな媒体《ばいたい》（メディア）でその問題について話したり文字に残したりすることによって、です。具体的には、ツイッターでの書き込みにとどまらず、文科省前抗議というデモで当事者の高校生としてスピーチを行ったり、取材を申し入れてきたメディアに応じたりと、問題をインターネットの外にも周知するべく動いていきました。自分で言うのも少し恥ずかしいのですが、「若者の特権」を自覚し打算的に動いた分、その反響は凄《すさ》まじいものでした。「英語民間試験を跳《は》ね返したのはこの私だ！」だなんて傲慢《ごうまん》なことは言いません。しかし、少なくとも、そういった世論を形成する一助になっていたことは確かです。

このようなうねりの中、柴山大臣に次いで新しく就任した元文科相の萩生田光一《はぎうだこういち》氏による発言が物議を醸《かも》します。いわゆる「身の丈」発言です。２０１９年10月24日、萩生田大臣はＢＳフジの生放送番組に出演し、渦中にある大学入試改革について語りました。その際、司会者から、経済的・地理的に恵まれた状況にある受験者とそうでない者によって生じる格差・不公平についてどう思うか聞かれ、次のように答えました。

――そういった議論もね、正直あります。［でも］それ言ったら「あいつ予備校通っててズルいよな」と言うのと同じだと思うんですよね。だから、裕福な家庭の子が「民間試験本番二回の前に」複数回受けて、ウォーミングアップができるみたいなことは、もしかしたらあるかもしれないけれど、そこは、自分の身の丈に合わせて、2回をきちんと選んで勝負して頑張ってもらえれば。*8（補足および傍点は筆者）

この制度では、高校3年で受けた英語民間試験のスコアを2回分まで大学に提出することになっていました。しかし、ただでさえ民間試験は1万〜3万円ほどの受検料がかかります（種類や為替レートによる）。受けたい民間試験によっては、別の都道府県に移動しないと会場が確保できないケースもありました。地理的・経済的な条件による制約があったことは明白でした。

加えて、萩生田大臣が触れたように、よりお金に余裕のある受験生が、本番までより多く練習を重ねることができる、という構造的な問題がありました。このような多層的な差があるのにもかかわらず、萩生田大臣は受験生に対し、「自分の身の丈に合わせて」――つまり、自らの地理的な環境・経済的地位にふさわしい範囲で――頑張ってもらいたい、と発言したのです。

そもそも、教育基本法には、「教育の機会均等」という理念があります。いわく、「すべて国民は、ひとしく、その能力に応じた教育を受ける機会を与えられなければならず、人種、信条、性別、社会的身分、経済的地位又は門地によって、教育上差別されない」（第4条）。

つまり、人は教育を受けるにあたって、生まれ持った属性によって不利益を被《こうむ》らないことはもちろん、考えや出身地、経済的事情によっても差が生じないよう定められているのです。もっと簡単に言えば、教育は誰しもが公平に受けられるようにしなければならないというルールが、責任が、行政（国）にはあるのです。萩生田大臣は、（おそらくですが）うっかりと口を滑らせて、その理念と真っ向から反する内容を発してしまったわけです。

このような背景から、萩生田大臣には批判の声が多く集まりました。私にとっては、この制度自体が上で述べた理念に真っ向から反することが世間に露呈したように思えるものでした。

そんな中、2019年の11月に、制度の延期が発表されます。こうして、反対運動はここで一区切りを迎えることになりました。

このような私の経験から言えるのは、自分の考えを声に出したり文字に残したりすること、つまり、「ことば」によって問題を明らかにすることにとても大きな意義があるということです。「サイレントマジョリティは賛成です」というフレーズの危険性を思い出しましょう。思っていることを「ことば」にしてアピールしていかなければ、その思いはないものにされるどころか、他の誰かにとって都合の良いように捻《ね》じ曲げられてしまいます。「ことば」にすることは、そういった話法を跳ね除《の》け、社会の認識を揺るがすことにつながるのです。

揺り返し

顔と名前を明らかにし、「ことば」によって問題を可視化する。まさに恐れも知らぬ高校生アクティビスト、という具合でしたが、実は私自身、「アクティビスト」と呼ばれることがあまり好きではありません。声をあげるという行為は、つねに良いことばかりではなかったからです。わかりやすい例で言えば、Yahoo!ニュースのコメント欄やネット掲示板では私に対する誹《ひ》謗《ぼう》中傷が絶えなかったことがそれを象徴しています。

　また、政治に関わる青年団体へいくつか勧《かん》誘《ゆう》されることもありました。そのこと自体はいいのですが、問題は、そのうちの1つの団体が、私が何度断ってもあの手この手で勧誘を続けてきたことです。はじめは外部のゲストとして勉強会に呼ばれるだけでしたが、だんだんと私が関わっていない運動について力を貸してほしいとお願いされるようになり、しまいには密室で複数人に囲まれながらその団体へ入るよう促されるようになるまでエスカレートしていきました。非常に怖い思いをしたことはもちろん、私は次のようなことを思って深く失望しました。「この人たちは私自身に興味があるわけではなく、世間に注目されるアクティビストとしての面を組織のためにただ利用したいだけなんだ」、と。それ以降、その手の団体とはすべて手を切っています。

　このように、顔と名前を晒しながら社会に物申すことは、その揺り返しとして、それなりのリスクや面倒を被ることになります。酷《こく》なようですがこのことははっきり書いておかなければなりません。どのインタビューでも決まって「学校や周りで仲間を集めようとは思わなかったのか」というような質問をされましたが、それに周りの人を巻き込む勇気は私にはありませんでした。

　もしかしたら私はただ、「アクティビスト」として括《くく》られることで、「ダサい」だとか、「古臭《ふるくさ》い」だとか、「胡《う》散《さん》臭い」だとか、そういった「世間一般」のイメージによって悪い印象を抱かれるのが怖いだけなのかもしれません。あるいは、表に立つ若者ばかりが目立つことで、問題そのものが置いてきぼりになってしまう空虚さに辟易《へきえき》しているだけなのかもしれません。

いやそもそも、アクティビストだろうとなんだろうと、社会を構成する一員として意見を述べただけで特別視・白眼視されること自体がおかしい。えっ、今の日本って誰もが思いや考えを表明できる民主主義社会なんじゃないの？……なんてことを思っています。

揺さぶる「ことば」

では、それまで動いてきたことを後悔しているかというと、そういうわけでもありません。入試改革と向き合う過程で、尊敬する先生方による、私の心を揺さぶる「ことば」の数々と巡り合うことができたからです。

立教大学名誉《めいよ》教授の鳥飼玖美子先生は、入試改革と向き合った私を含む3人の若者の経験を丁《てい》寧《ねい》に聞き取り、『10代と語る英語教育――民間試験導入延期までの道のり』（筑摩《ちくま》書房《しょぼう》）という本にまとめてくださった方です。小さい頃からNHKの「ニュースで英会話」を見てきた私にとって、鳥飼先生は憧れの存在でした。そのため、書籍《しょせき》のお話をいただいたときは、まさに夢のような気分でした。

鳥飼先生の著書を何冊か持っていたので、お会いする際にサインをお願いしました。すると、鳥飼先生はペンで強く、はっきりとした字でこう書かれました。

クリスくんへ　ことばを育てることは心を育てること　鳥飼玖美子

ハーフとして生まれ、英語コンプレックスに悩まされた私にとってこのメッセージは琴線《きんせん》に触れました。また同時に、教員志望の私にとって、それだけ「ことば」の教育の責任は重い、という覚悟を持ちました。

鳥飼先生はさらに、私の抱えていた悩みについて、「参考になるはず」と『通訳者と戦後日米外交』（みすず書房）を贈《おく》ってくださいました。私はその本で、両方の言語が「ペラペラ」でなくともバイリンガルと呼ばれることがあり、それには様々な種類があることを知りました。そして、その区分けのうち、自分が「アディティブ・バイリンガル（additive bilingual）」に近いのではないかということに気がつきました。同書によると、「アディティブ・バイリンガル」とは、「通常、第一言語、第二言語の両方が家庭・社会からのサポートを受けるなどの要因により、第一言語習得の上にもうひとつの言語習得がプラスに作用し、言語的・認知的・社会心理的なメリットを享《きょう》受《じゅ》できるバイリンガル」（一〇七頁《ページ》）のことを指すそうです。これを読んだとき、中学時代の自分が救われるような気がして、気持ちがとても楽になったのを今でも覚えています。その読書体験には、「ことば」と向き合うことでまるで自分探しをしているような、そんな冒険感《ぼうけんかん》がありました。

東京大学の納富信留《のぶる》先生は、2019年に行われた東京大学ホームカミングデイ文学部企画シンポジウム「ことばの危機――入試改革・教育行政を問う」[*9]のパネリストでした。当シンポに参加していた私は、納富先生が語った「ことば」の本質に衝撃を覚えます。私は急いでそれをノートに書きつけました[*10]。

言葉は私のツールではない。言葉は「私自身」である。言葉（logos）があり方をつくるのだ。私自身の人間のあり方は言葉でできている。同様に、世界、社会、文化、そして歴史の継承も然《しか》り、美のあり方も言葉でできている。言葉とは、私自身、あなた自身が存在する場である。言葉は、私たちが生きる世界を、切り拓《ひら》く。

「ことばを育てることは心を育てること」とも重なってきますが、「ことば」は私に付き従うものではなく、私そのものなのです。私が冒頭で「ことば」は呪いであると書いたことの意味が少しわかってきたでしょうか。「私はハーフだ」と言うとき、無意識に「ハーフ＝外国語にも堪能」というあり方を自身に課してしまうのです。しかし、私はその呪いを明らかにし、この文章の冒頭で「ハーフだからといってバイリンガルになることはないし、そうであろうとする必要もない」と別のあり方を示すことでその固定観念をズラしました。「ことば」は、私たちの思考枠（認識や考え方）を制限するだけではない。むしろ私たちを新しい地平へと連れて行ってくれるトリックスターなのです。

「ことば」にするということ

私は、ハーフという個人的な問題でも、英語民間試験導入という社会的な問題でも、「ことば」というものに悩まされてきました。そして、そのどちらも、「ことば」と向き合うことによって、「ことば」に揺さぶられることによって、そして「ことば」にすることによって、その思考枠を揺るがすことができました。人のアイデンティティを揺らし、人の心を揺さぶり、自己と社会の認識を揺るがす「ことば」――。私はこれからもこの罪深く奥深い存在と向き合っていきたいと思っています。

私は単に「ほら君たち！　声をあげるにはこうするんだよ！」だとか、「こうすれば社会が良くなるよ！」だとか、そんな無責任なメッセージをみなさんに伝えるつもりは一切ありません。そもそも社会を「よく」していくのに、唯一《ゆいいつ》の、絶対的な方法なんてないからです[*11]。そんな銀の弾丸《だんがん》があれば今ごろ、差別も貧困《ひんこん》も環境危機もなくなっています。ただ、少なくとも、自分へ、社会へ問いかけることによって自らの認識が、ひいては社会の認識が、ほんの少しだけでも変わるということだけは確かです。

ですから、大切なのは、個人的なものであれ社会的なものであれ、自分にとってこれだけは譲れないという事象について考え続けることなのだと思います。その事象は自分にとってなにごとなのか。なぜそれだけ自分にとって真に迫るものなのか。「ことば」という魔法によって初めて、それは目の前に立ち現れます。まずは声にすることによってその問題を認識し、他者に伝えることが可能になります。

そうやって立ち浮かぶ様々な「ことば」を、次は文字に起こして何かしらの形にしてみてください。声に出してもすぐに消えてしまうあなたの情理が、ほのかな灯火《ともしび》として、種火として残り続けます。

言語化するとは、曖昧なものを対象化するということです。私自身であり、かといってどこか私とは違う、切り離された「モノ」としてそれと向き合うことができるのです。その過程で、その「ことば」を受け入れることも時には重要でしょう。あなたを形作る要素が、根拠が、そこにあるわけですから。しかし、どこかモヤモヤして満足しきれないこともある。これはむしろチャンスです。茶化さず、誤魔化さず、取り繕《つくろ》わず、疑うのです。書いてあることは本当だろうか？　別の見方もできるのではないだろうか？　あなたを縛る呪いからの解放は、問うという上級魔法によって可能になるのです。

「鳥は卵の中からぬけ出ようと戦う。卵は世界だ。生まれようと欲するものは、1つの世界を破壊しなければならない」[*12]。ヘルマン・ヘッセという作家の言葉です。「ことば」は私たちの思考をがんじがらめにし、固定観念という真《ま》っ暗闇《くらやみ》に閉じ込める。その意味で「ことば」は卵の殻《から》であり世界そのものです。しかし、それに納得できない何かが、その殻を破りたいという衝動が、あなたを突き動かすかもしれない。今の私とは違う私へと。ここではないどこかへと。

「殻を破る」という日本語はそのまま、〝to emerge from shell〟という英語に訳すことができるでしょう。このemergeという動詞には他にも、「苦境や困難から抜け出す」、「明らかになる、出現する」という意味があります。あなたが殻を破るとき、あなたを悩ませる困難から抜け出し、自分でも気づかなかった新たな思考体系を明らかにすることができるのです。そしてその産声《うぶごえ》は、あなた自身と社会を必ず揺るがします。きっと、誰でも揺るがすことができます。

謝辞

本稿は私の大切な友人らの存在なしには書けませんでした。彼ら彼女らとの対話やコメントのおかげで、私の思いの丈を余すところなく、かつできるだけわかりやすい形で届けられるよう文章を磨きあげることができました。掲載に了承してくれた方の氏名と所属（任意）を五十音順でこちらに列挙いたします（敬称略）。

磯田《いそだ》涼太《りょうた》、上保周平（国際基督教大学）、川口音晴、小林弘典《ひろのり》（国際基督教大学）、髙田心音《ここね》（国際基督教大学）、谷寧将《やすまさ》、谷田部遥《はるか》、四倉涼音《すずね》（国際基督教大学）

＊1 フロイト、新宮一成《しんぐうかずしげ》ほか訳『フロイト全集15 精神分析入門講義』（岩波書店、二〇一二年、一〇頁）

＊2 経済学者・社会学者の上西充子さんによる「呪いの言葉」を参考にしています。上西先生は『呪いの言葉の解きかた』（晶文社、二〇一九年）のなかで「相手の思考の枠組みを縛り、相手を心理的な葛藤の中に押し込め、問題のある状況に閉じ込めておくために、悪意を持って発せられる言葉」（一六頁）を「呪いの言葉」と定義しています。一方、私は「ことば」は発言者の悪意がなくとも人の

＊3 思考枠を縛るものであると考え、その機能を「呪い」と表現しています。詳しく知りたい方には以下をお薦めします。簡素にまとめられたものとして鳥飼玖美子ほか『よくわかる英語教育学』（ミネルヴァ書房、二〇二一年、一二八―一二九頁）、反対運動の経緯も含めた詳細については鳥飼玖美子『10代と語る英語教育――民間試験導入延期までの道のり』（筑摩書房、二〇二〇年［以下、『10代』］）。

＊4 ①『10代』、②服部剛士（ひっきたい）・音晴（こばると）・健（クリス）「一五〇日のサマー・ウォーズ――英語民間入試延期に向けて僕たちがやったこと」、「世界」（二〇二〇年一月号、岩波書店、二〇一七―二一六頁）、③丹野健／Chris Fotos「『声なき多数派』の声を届けたい――教育改革と向き合って」、「情況」（二〇二一年夏号、情況出版、三八―六九頁）。本書では、私の体験した「入試改革反対運動」を説明する必要から、これらの媒体で触れた内容と重複しているところがあります。

＊5 このシンポジウムは、『高校に古典は本当に必要なのか――高校生が高校生のために考えたシンポジウムのまとめ』（文学通信、二〇二一年）を刊行するきっかけにもなりました。私の個人的な背景については「あとがき」の「誰が為の教育か」に詳しく書いています。なお、本書が古典教育は不要だと論じているという評価がインターネット上にみられます。しかし、それは誤解です。詳しくは第4部に書かれていますが、本書は「古典教育が不要だ」と言われる現状に対して、なぜそうした意見が生まれるのかについてを問い、広い視座から古典教育について考えるものです。

＊6 @shiba_masa、二〇一九年八月一六日、「サイレントマジョリティは賛成です。RT@t3dXXqSjpYq05qE:大半が批判なのに」、https://twitter.com/shiba_masa/status/1162363885317320704?s=20。悪意があったかどうかはわかりませんが、このような発言こそ「呪いの言葉」（上西充子）に近いものです。

＊7 AERA dot.、二〇一九年八月二六日、https://dot.asahi.com/articles/-/12876 5?page=1。同内容の記事（「大学入学共通テスト『英語民間試験は中止して』271人の悲鳴」）は、雑誌「AERA」（二〇一九年九月二日号［No.39］）にも掲載されています。

＊8 『10代』（一〇四頁）。

＊9 このシンポジウムは阿部公彦ほか著、東京大学文学部広報委員会編『ことばの危機――大学入試改革・教育政策を問う』（集英社新書、二〇二〇年［以下、『ことばの危機』］）として刊行されています。

＊10 この言葉は私がシンポジウムに参加したときの私のメモ（https://twitter.com/redfield_ken/status/1185545569613185024?s=20）を参考にまとめました。シンポジウムに興味のある方は、『ことばの危機』（一一八―一二三頁）を手にとってみてください。

＊11 詳しくは小坂井敏晶『答えのない世界を生きる』（祥伝社、二〇一七年）の第一部を読んでみてください。小坂井さんは「皆が目指すべき普遍的価値（＝正しい世界）があるはずだ」、「それを目指して努力をすれば社会はよくなるはずだ」という考え方は楽観的だということを様々なかたちで論証しています。

＊12 ヘルマン・ヘッセ、高橋健二訳『デミアン』（新潮文庫、一九五一年、一三六頁）。

CHAPTER

6

誰もが安心して生活できる社会って?

若者の貧困

WORLDLY WISDOM FOR 14 YEARS OLD

高等教育無償化

FREEの活動を通して私が考えたこと

奥田木の実（おくだ・このみ）

1996年生まれ。兵庫《ひょうご》県出身。東京学芸大学ソーシャルワークコース卒業。高等教育無償化《むしょうか》プロジェクト FREE、FREE東京学芸大学、元メンバー。現在は熊本県在住。

はじめに自己紹介《しょうかい》です

みなさんはじめまして。奥田木の実です。熊本県在住の28歳《さい》です。趣味《しゅみ》は読書と日記を書くことです。音楽も好きです。日本のヒップホップを中心に聴《き》きます。大学生のときからうつ病を抱《かか》えていて、今も病院にかかっています。体調が安定しないため、休職しながらも続けていた社会的養護の仕事を辞《や》めました。社会的養護とは、親と暮らせない子どもを社会（施設《しせつ》や里親など）が養育する仕組みのことです。高校2年生のときに、児童養護施設が舞台《ぶたい》になっている小説を読んでから、ずっと関心を持ってきた分野です。

ここからはFREEの紹介をします。

今回私が活動していた、高等教育無償化プロジェクトFREE（以下、FREE）の話をするにあたって、FREEとはどういうものなのかというところから話したいと思います。

FREEは高等教育[*1]の学費や奨学金《しょうがくきん》制度に関する学生アドボカシー・グループ[*2]です。FREEの設立宣言には、「私たちは、かけがえのない人生を豊かにする学びを、経済的事情に左右されず、あらゆる人が権利として享受《きょうじゅ》できる、未来ある社会を実現するために、すべての人への高等教育の無償化を目指します」とあります。

高等教育の無償化を目指し、大幅《おおはば》な学費値下げに踏《ふ》み出すことや、奨学金制度を抜本的《ばっぽんてき》に改善することなどを求めています。

FREEが行っている活動内容は多岐《たき》にわたりますが、大事にしていることは学生の声を聴き、それを社会に届けることによって、社会を変えていこうとしているところだと思います。活動の中心として学生に対して実態調査アンケートを行います。その質問内容は、学費・奨学金に関するものから、それらが進路選択《せんたく》に与《あた》える影響《えいきょう》、生活やアルバイト、そして「もし、いま学費が無償になったら、あなたはどうしますか？」といったことです。

その結果をもとに、提言やステートメントを発表し、メディアに取り上げてもらったり、ラリーといって新宿駅前や国会前、官邸《かんてい》前で宣伝を行ったり、文科省に要請《ようせい》を行ったりします。

学ぶことはお金の対価ではなく全員の権利

私が小学生高学年のとき、母は私たちが住んでいる町の議会議員選挙に立候補しました。母はその前に、私が通っていた小学校の廃校《はいこう》に反対する運動をママ友たちと行っていました。通学路に母の選挙ポスターが貼《は》ってありました。そのころは何となく恥《は》ずかしさもありましたが、今は活動に関わるようになった自分にとって、母の行動から受けた影響は小さくないと思います。

私が高校生のときは、東京でＳＥＡＬＤｓが活動している頃《ころ》でした。担任の先生が、「ＳＥＡＬＤｓの人たち頑張《がんば》っているよね」と言っていたことが強く印象に残っています。先生の意見が自分と同じだったのもそうですが、そのときのＳＥＡＬＤｓの人たちのように勇気を持って行動していることは、必ず誰《だれ》かに伝わっていくのだなということに、励《はげ》まされました。

ＦＲＥＥができたのは２０１８年9月のことでした。私は当時大学3年生でした。東京学芸大学という教育大学で、ソーシャルワーク、社会福祉《ふくし》について学んでいました。友だちからＦＲＥ

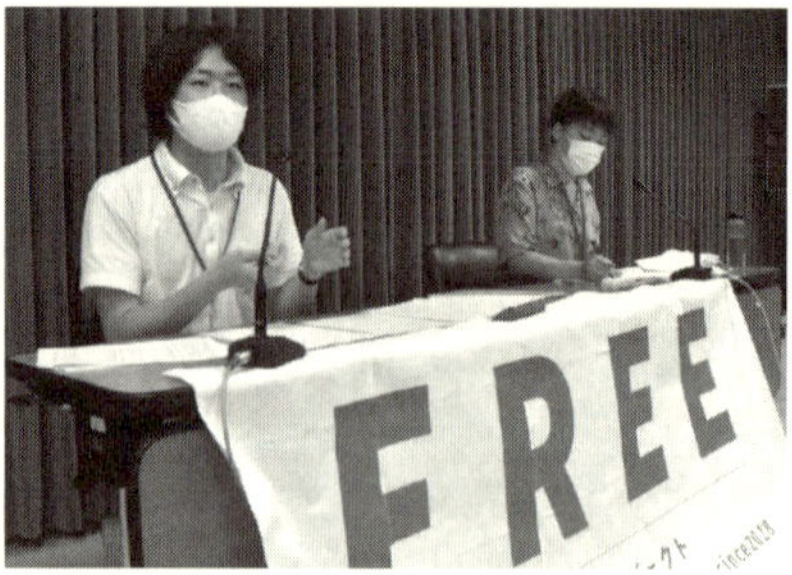

FREEとしての記者会見

Eのことを聞き、メンバーになったのです。

私自身、学費（半年に約27万円）は親に出してもらい、奨学金（1か月約5万円）を借りつつも、親から仕送りももらっていました。一見、私は学費についてそんなに困っていないではないか、なぜFREEで活動を？　と思われるかもしれません。しかし、FREEでは高等教育で学ぶということは、お金を払《はら》って受け取る対価ではなく、そもそも全員が持っている権利なのだということを、私自身学んだのです。学びたいと思っている誰もが持っている権利です。

ただ、現状では、大学に通うには多額のお金が必要です。そこで苦しい思いをするのは、学費を稼《かせ》ぐためにバイトをたくさんしないといけない人だったり、大学卒業後の進路を選ぶ際に奨学金の返済について考慮《こうりょ》しないといけない人だったりします。

人の話で語るのは止《や》めた

FREEの活動が始まった頃、つまり人前でスピーチをし始めた頃の私は、よく大学の先輩《せんぱい》の話を引用したりしていました。その先輩とは関係が途《と》切《ぎ》れてしまって確認《かくにん》しようがなかったにしろ、他者の話を勝手にスピーチに使っていいのか、今はちょっと気になります。

メディアの取材などでも、よく友だちや知り合いの話をしてしまいがちですが、はたしてエピソードが使われる本人の意思はどうだったのだろうと思います。

もちろん、自分の現状について、「こんな人もいるのだ」と、世の中の人に知ってほしいと考える人もいると思います。ただあのときの私は、学生の実態を世に知らせていくことと引き換《か》えに先輩のことを利用してしまったのではないかと、今は思います。

今の私だったら、友だちの話をしたいときはその人に確認を取ることと、あえて自分は自分の話をしてみるということをしたいです。私は他の人と比べて学費問題で困っていないかもしれないけど、FREEで活動したいと思うのはなぜかなど、自分と向き合うことをしたいのです。

それは、もしかしたら、「この問題は私には関係ない」や「自分は困っているけれど活動する余裕《よゆう》なんてない」と思っている人たちに届く活動になるのではないかと思うからです。

数集め？　それだけではいけない

活動をするにあたっての後悔《こうかい》のようなものと言えば、私が調子の良いときにLINEの友だちに実態調査のアンケートなどを一斉《いっせい》に送っていたことだと思います。

送ったものはFREEの実態調査アンケートのときもあったし、読書会のお知らせのときもありました。今はなにかもやもやします。なにも数集めのような気持ちでやっていたことはないけれど、必死になればなるほど、運動することが自分の中で、目的、生活の中心、生きがい、やりがいみたいになっていた気がします。

どれも間違《まちが》いではないのだろうとは思います。でも、そのときの自分は何を大事にしていたのだろうと思います。社会を変えること、相手に力を借りること、目の前にあるやるべきこと、優先順位なんてつけられなかったのだろうと思います。

しかしながら、自分の周りの人たちのことをないがしろにして、変えられた社会なんてどうなのだろうと思います。だから、社会を変えるって難しいです。まずは自分や自分の周りの人のことを、ちゃんと見ないといけないと思います。

自分も困っているけど、だから

支援《しえん》というものを当事者がしていくことの難しさを私は考えています。私はうつ病を抱えていて、それが主な原因で仕事を辞めました。それでも、FREEの活動にはすごく惹《ひ》かれてしまいます。自分が傷ついたことから、回復の途中で、同じではないけど、同じような問題を抱えているように見える人を助けたい、自分が助けたいと思ってしまいます。

宮城のNPO、まきばフリースクールに実習に行ったときに出会った言葉があります。「誰かに助けてほしい私たちは誰かに助けてほしいそのままで誰かの助けになれるだろうか」。私は「イエス」と言いたいです。これを生きている間、体現していきたいと思います。もう「誰かに助けてほしい」と思うことがゴールのようなものだと思います。

困っている人が「自分は困っている」と気づくことがすべてなのではないかと。それをすべてにする社会にしていかないといけないと思います。困っているということ、誰かに助けてほしいと思った人が、自分の意思をかなえられる、その希望を持てる社会です。

今は大学を卒業して3年目、活動から離れてだいぶ経《た》ちます。FREEの活動について思い出すこともどんどん少なくなっていくし、覚えていることも減っていきます。正直、今回の文章を書くにあたって、FREEの活動を通して私が得たものを考えたときに、それは理論とか感動とか仲間ではなかった気がしています。私が得たもの、それは活動を続けることと活動から離れることだったと思います。

1人で自分の大学の中でFREEの活動をしていると感じる時期が長かった気がします。活動することを続けている仲間もいて、区切りをつける仲間もいて、勇気づけられることも、寂《さび》しく思うこともありました。続けていたら、必ず、見てくれている人がいて、その時々に協力してくれる人がいて、応援《おうえん》してくれる人がいました。

「そうだったよ、私はそうだった」という嬉《うれ》しさや希望を、これから活動を始める人や今活動をしている人に伝えたいなと思います。なにより、頑張っている自分を、自分自身で見つめてあげてくださいと、偉《えら》そうかもしれませんが、そう思います。

活動を離れて思うのですが、活動を止めても人生は続きます。FREEの活動を通して得たものが仲間ではないというのは、別に活動にかかわらず、「出会いは出会いかな」と思うからです。活動を止めても友だちだなと思える人たちと出会えたと思うのです。あまりうまく言えないですが、私1人の力ではないということです。相手にも人生があり、生活があり、その中に活動があり、たまたま私と出会ったのだと思います。

仲間がいるということは、私の中で「得たもの」とくることのできない、doingじゃなくて

beingみたいな感じです。仲間を得たというのはいつまでも言えないというか、今も仲間です、今も仲間だと私は思っています。でも自分の中ではそれは「いつまでもずっと仲間です」という気持ちと、別に仲間じゃなくなっても、私の中で「仲間がいる」という感覚はいつまでも覚えているということ、そのことを与えてくれたのはあなたですということを思います。

ありがとうを言いたい

活動を通して出会った人たち、お世話になった人たち、一緒《いっしょ》に頑張ったみなさんへ。私が活動をすることは決して当たり前ではありません。活動をすることはまず私の人生を変えました。活動をすることで出会ったたくさんのことによって、私の生きることは、たしかに豊かになりました。活動をすることは、社会を自分たちの周囲から起こしていくことだし、変えてしまうことだし、身の回りの人間関係をも今までとは違うものにしてしまうことかもしれません。

それでも、自分の生活や人生がままならないままでも、なんとかこの社会に踏みとどまることをあきらめず、活動をすることを選んだ人たちに、私は支えられて生きています。

*1 高等教育：大学や大学院、短大、専門学校などで行われる教育のこと。

*2 アドボカシー・グループ：政治や社会制度に影響を与えるため運動する団体のこと。アドボカシーは「権利擁護」や「代弁」という意味をもつ。

子ども食堂

私は多くの人々に支えられて生きている

カワニしみつハ（かわにし・みつは）

2003年、広島県生まれ。高校3年生の時に、地元の福山市でこども食堂新聞を創刊する。現在は慶應義塾大学総合政策学部に在学中。大学では、高校の探究学習に関わりながら、学外では株式会社小学館が運営するメディア&コミュニティ「Steenz」のコミュニティディレクターとしても活動。

はじめまして。これは「原体験」を通して出会ってしまった、どうしようもない問題に青春をかけて挑《いど》んだ少女の話です。

世界に私しかいない気がした

私は2003年8月13日に愛媛県で生まれた。母と父と私の3人家族で、初孫、そして初ひ孫であった私は、文字通り蝶《ちょう》よ花よと育てられた。怒《おこ》られた記憶《きおく》はまったくなく、私が挑戦《ちょうせん》したいことをいつも応援してくれる優《やさ》しい親だった。そんな親との関係に変化が訪《おとず》れたのは、高校1年生の5月頃。正直あまり詳《くわ》しいことは覚えていないのだが（記憶から消そうとしているのだろう）、母との関係に問題が起こり、私は児童相談所に自分で電話をかけた。今まで関わったこともなかった児相。大好きなお母さんを公《おおやけ》の人に通報しているようで、自分のことがすごく嫌《きら》いになった。

児童相談所までは、当時の学年主任の先生が連れて行ってくれた。その後の人生なんてこのときは想像もできなかったけど、先生がカバンから取り出した「マル秘」と大きな赤い文字で書かれたノートを見て少し緊張《きんちょう》したことは覚えている。

児相の職員さんに対して、私はありったけの力を込《こ》めて助けを求めた。しかし職員さんから帰ってきた言葉は、

「君にはうちの支援が必要そうには見えない」

明らかに異常な家庭環境《かんきょう》であったのに、支援が必要そうに「見えない」だけで、私には手も差し伸《の》べてくれないんだと絶望した。結局、違う職員さんとの交渉《こうしょう》により、私は一時保護されることになった。夜10時ごろに先生が差し入れてくれたおにぎりの味は今でも覚えている。

一時保護所には、「名字を教えてはいけない」「学校名を言ってはいけない」「なぜここへきたのか話してはいけない」「私物は持ち込んではいけない」「退所する日を言ってはいけない」などさまざまなルールがあり、どんなに仲良い子ができても、この関係は消費期限付きの生肉よりも劣化《れっか》が早いものなんだと一線を引いてしまっていた。あそこで出会った子たちにはもう一生会えない。

少し時が経ち、児童養護施設へ移り、高校1年生の夏頃には一人暮らしを始めた。自分のメンタル不調にも気づかないまま始まった一人暮らしは、最初こそ楽しかったものの、だんだん私はおかしくなっていった。徐々《じょじょ》に不登校になっていった私は、学校にも家にも居たくなかった。自分がどこで何をしているのかもよくわかっていなかった気がする。当時は、不登校の自分を父にバレないように取り繕《つくろ》うので精一杯《せいいっぱい》だった。

メンタルが限界すぎて、もはや当時の記憶はあまりないが、そんなときこそ、その記録を残しておけばよかったと後悔している。

その頃は、世界は私を抜《ぬ》きにして回っているような気がしたし、私がいなくなったとしても平凡《へいぼん》で変わり映《ば》えのない日々が続いていくと本気で信じていた。自分が死んだら誰が悲しんでくれるか必死に考えたけど1人も思いつかなかったことを覚えている。

ここまでがざっと私の「原体験」と言えるものだ。

ただし最後にこれだけは残しておきたい。私は今でも母のことが大好きだし、父のことも大好きだ。もう二度と〝カゾク〟になれないことはわかっているけどそれでも私たちは家族だと思っている。

私が無視できなかった理由

高校2年生のとき、学校で探究活動の時間があった。深夜にネットサーフィンをしていたところ、文部科学省が実施する「#せかい部×SDGs探究」を発見した。このプロジェクトは、全国にいる171人の高校生レポーターが、SDGsの五つの分野に分かれ、それにまつわる社会問題を解決しようと活動している大人や研究者などの話を聞き、レポーターとして社会に発信していくというものだ。

私は、「貧困をなくそう」をメインに探究活動を行なった。さまざまな方にお話を聞くうちに、自分の家庭状況《じょうきょう》は、学問的に調査されており「解決」されるべき対象であることを知った。私個人の問題だと思っていたが、そうではなかった。お金を理由に大学に進学できないかもしれないのも、この苦しみを誰にも相談できなかったのも「私」にすべての問題があるわけではなかったのだ。それを知って私は心から安心した。

そして、それと同時に、私の苦しみが解決されれば、「明るい社会」がくるかもしれないと漠《ばく》然《ぜん》とした期待を持っていた。

「子ども食堂」という窓が増えた

高校生になってから不登校になっていた私は、高校2年生の3月（私の学校では高校3年生ゼロ学期と呼ばれるほど重要な時期）に先生の反対を押《お》し切り、「MAKERS UNIVERSITY U-18」というプログラムに参加した。

そこには、「知ってしまった」問題に対してアクションを起こしている同年代がたくさんいた。そこに行くまで私は、社会を変革するのは「大人」だと思っていた。だけどどうやらそうではなかったらしい。食事で大切なのは栄養だけではなく、「誰とどこでどのような会話をしながら食べるか」も大切だと、自らの原体験から感じていた私は、地元に帰り、「こども食堂新聞」の発行の準備を始めた。

「子ども食堂」は、明確な定義はないものの、一般的《いっぱんてき》には、子どもが1人で訪れることができ、無料または低額で食事ができる場所とされており、2023年に認定NPO法人全国こども食堂支援センター・むすびえが行なった調査によると、子ども食堂は、全国に7363カ所あるとされている。

地域の居場所としての役割や貧困問題の解決の一助として熱烈《ねつれつ》な注目を浴びている「子ども食堂」ではあるが、取り巻く問題は山積している。例えば、持続性の問題。金銭的な理由だけではなく、人や場所の問題などもある。

そして食堂運営者が抱える意外な問題として、「子どもが来てくれない」ということもある。この問題はさまざまな原因が考えられる。

1つ目は、そもそも「子ども食堂」が近くで開催《かいさい》されているという情報が、子どもまたは保護者に伝わっていない可能性だ。2つ目は、「子ども食堂に通う子ども＝貧困家庭」という社会的なスティグマだ。

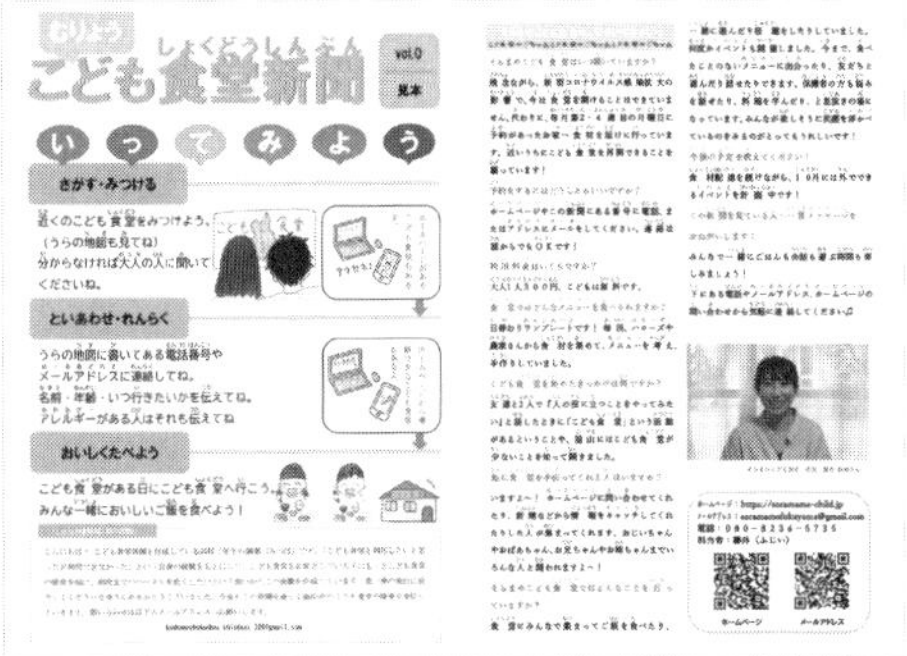

こども食堂新聞

私は「こども食堂新聞」を作成することによって、「子ども食堂」に来ることの障壁《しょうへき》になっているイメージを変えたいと思った。

新聞制作では、実業家の家入一真《いえいりかずま》さんと「R-StartupStudio」という企業《きぎょう》から奨学金をいただいた。奨学金をいただくことは、自分がこれからしようとすることに自信を持たせてくれた。

結局、高校卒業までに2回、地元である広島県福山市を中心に発行を行なった。新聞には、「子ども食堂」の地図や、運営者へのインタビュー、そして「子ども食堂」への行き方を掲載《けいさい》した。

新聞を作成する際のすべての基準は、「一人暮らしをしていたあの頃の私がこの新聞を見て、『子ども食堂』に足を運べるかどうか」だった。発行した後、「『こども食堂新聞』を見てうちにきてくれた子がいたのよ」と連絡《れんらく》をもらったとき、本当に嬉しかった。私が自分の過去を消化するためだと思っていた活動が、確かに1人のためになっていたことが私を安心させた。

一緒に潜《もぐ》ってくれた

高校生のときに永井玲衣《れい》さんの『水中の哲学者《てつがくしゃ》たち』という本に出会った。哲学研究者である永井さんのエッセイが、私たちを哲学という大海へ連れて行ってくれる。

この本を読んで初めて、深く考えることがしばしば「潜る」と表現されることを知った。私が出会ってしまった「どうしようもない問題」には明確で唯一《ゆいいつ》で不動の答えはない。今まではその答えを求めることに必死だった。その解決手段として、「こども食堂新聞」の発行をしてみたり、地元である広島県の商店街を活性化させたいと「みて！きて！うちらの秘密基地計画」という活動をしてみたりした。

しかし、問題が解決されている実感はなく、むしろ地元新聞に掲載された、自分の原体験を糧《かて》に社会を変革しようとする「川西満葉」と明日の生活も将来も見えず不安な「かわにしみつは」の間にあるギャップばかりに目がいくようになった。

前述した私の体内の構成物質に変化を起こしたプログラム。そこで出会った人には、みんな「どうしようもなく出会ってしまったもの」があった。私が普通《ふつう》に生きていたら絶対に会わないような、目がきらきらしながらも、芯《しん》が強くそしてほんのちょっぴりニガイ人たちがいた。

そこにいた人たちは、年齢《ねんれい》など関係なく、私が誰にも言えなかった家庭環境や悩《なや》みを真剣《しんけん》に聞いてくれて、そして一緒に潜ってくれた。

潜っているときは、息が吸えず苦しい。このまま死んでしまうのではないかと思う。たとえ私の気持ちを理解してくれなくても、一緒に「どうなんだろう」「これってこうなのかな」と潜ってくれる人と出会えて私はとても嬉しかった。こんな陳腐《ちんぷ》な言葉でしか表せないが、本当に苦しくて嬉しかった。このときから私は潜ることが怖《こわ》くなくなった。

たとえ息ができなくても

今は大学生となり地元を離れているが、地元に帰るとときどき過去を思い出すときはあるし、家族の問題が急に再発するときもある。でも今の私には一緒に潜ってくれる人がたくさんいる。

先日とある奨学金の財団で出会った友だちが、大学の学園祭に遊びにきてくれた。キャンパスで、私が所属している研究会の人に出会ったり、友だちに出会ったりした。彼女《かのじょ》は帰り道に「みつはが愛されてるのが伝わった」と言った。一緒に潜ってくれるのは、どうやら愛だったらしい。私にはもうないと思っていた愛がどうやら私にもあったらしい。

たとえ息ができないくらい深いところに沈《しず》んでいたとしても、きっと一緒に海に広がる景色を見てくれる人はいるし、ワカメや小さな魚を見るのを楽しんでくれる人がいる。

私は、高校生のとき、私がいなくなったとしても平凡で変わり映えのない日々が続いていくと本気で信じていた。でも今振《ふ》り返ってみると、悲しんでくれる人もいたし心配してくれる人もいた。ここに書ききれないほどたくさんの人に私は支えてもらった。私も一緒に水の中でもがける人になりたい。

私は現在、小学館が運営する10代メディア「Steenz」でコミュニティディレクターとして働きながら、公益財団法人教育支援グローバル基金ビヨンドトゥモローで、主に社会的養護のもとで暮らす高校生、大学生たちへの人材育成プログラムの運営に関わっている。どちらにも私の「どうしようもない」「知ってしまった」問題を解決するために活動している人や、その人にしかない世界観を見せてくれる人がいる。そんなコミュニティに囲まれている私は、「なにもなくても頼《たよ》れる社会」を作るためにマリアナ海溝《かいこう》くらい深いところに潜っている。

窓を増やすためには

大学の「多言語主義社会」という授業で、教授が「言語は窓である」と言った。「言葉」はその国や地域の歴史や文化に影響されるため、多くの言語を学ぶことは世界を見つめる自分の中の窓を増やすことにつながるらしい。

私は、たくさんの変な人に出会って世界がもっと近くなった。世界って思った以上に小さくて思った以上に大きい。それをたくさんの窓から観察することができるようになった。

ありがたいことに大学生になり、高校生のメンターをする機会が増えた。彼らの多くから投げかけられる問いが「高校生のうちにやっておいた方がいいことってありますか？」だ。

これは私の主観で、すべての人にあてはまるわけではないことを承知の上ではあるが、私は自分の窓を広げ、増やすためにさまざまな人の話を聞くことをおすすめする。

その中にはあなたが抱えるどうしようもなく知ってしまったことを、あれでもないこれでもないと一緒に潜ってくれる人がいることだろう。

あとがき

ここまで読んでくださり、ありがとうございました。「この本、いいな」と思ってくれた方は、ぜひSNSで宣伝したり、周りの友達に勧《すす》めたりしていただけると嬉《うれ》しいです。また、本を買う余裕《よゆう》がない人のために、地元や学校の図書館に購入《こうにゅう》リクエストを送っていただくのも大歓迎《だいかんげい》です。よろしくお願いします。

この本が誕生したきっかけは、ちょうど3年前の2021年11月まで遡《さかのぼ》ります。僕が高校でドキュメンタリー映画をつくったときに出会った70代の先輩・金《キム》さんが、新宿三丁目の飲み屋で、知り合いの出版業界人2名と飲んでいたときにこの本のアイデアは生まれました。僕はその場にいなかったので詳しく知らないのですが、「こんな素晴《すば》らしい若者がいるぞ！」「彼らの主張を本にしよう！」といった具合だったと聞いています。

それから3週間後、僕のもとに金さんからメールで、ワードの企画書《きかくしょ》が送られてきました。そこには、「十代の主張（仮）」とあり、僕を含めた数人の名前とともに、「社会は彼らの言葉にそろそろ耳を傾けなければならないのではないか？」とありました。うーん、ちょっと偉そうだな……（笑）。本の出版という夢のある企画に喜びつつも、企画はかなりの改変が必要だと感じました。

「大人たちよ！　俺《おれ》たちの魂《たましい》の叫びを聞け！」といった世代間の対立を煽《あお》る立て付けよりも、若者世代のアクティビストたちが、なぜ声を上げたのか、その経緯《けいい》や思い、日々の活動の様子を、同世代や次世代へ届ける本にしたいという旨《むね》を伝え、事実上編者として本の企画を進めることになりました。残念ながら、途中で執筆《しっぴつ》を諦《あきら》めてしまった方も何人かいましたが、結果的に22人のアクティビストの皆《みな》さんの多彩な原稿《げんこう》を収録することができました。また、ページ数の都合でカットとなってしまった企画もありました。それらはいつか必ず発表できるように頑張《がんば》っていますので、そのときまで楽しみにお待ちいただけると嬉《うれ》しいです。

僕たち世代のアクティビストが発信で使うツールといえば、ＳＮＳが主流です。そんな時代にあえて本を出す意味について考えてみました。

ツイッターの名称が突然Ｘとなったように、ＳＮＳの運営は一企業によるものです。その企業が倒産すれば今までの発信はすべて消えてしまうかもしれません。それくらいデジタル空間とは儚《はかな》いものです。一方で、紙媒体《ばいたい》として流通する本は、半永久的に記録として残り続けます。千年以上前に書かれた『源氏物語』が今も読み親しまれていることはその最たる例でしょう。また、そもそもＳＮＳは断片的な情報しか得られず、他者や他者の訴《うった》えについて深く知ることはできません。そうした意味でも、本を出すことはとても大きな意味があると感じています。一方で、出版は、僕らの世代にとってなかなかハードルが高いなとも思います。この本の原案も、もともとはおじさんたちの飲みの場で生まれたように、出版社との繋《つな》がりや自身の知名度がない若者が本を出すには越《こ》えなければいけない壁《かべ》が多くあります。この本が、どんな年代のどんな立場の人でも本を書けるような世の中への第一歩となることを願っています。

初めての試みでなかなかうまく進まないこともあり、最初のオファーから出版まで2年も経過してしまったにもかかわらず、執筆者の皆さまには、愛想《あいそ》を尽《つ》かさず最後までご協力くださったこと、心から感謝しております。

また、この本の出版企画者として、本の執筆・編集に不慣れな僕を最初から最後まで助けてくださった青文舎《せいぶんしゃ》の西垣成雄さんをはじめ、担当編集者の岩本太一さん、デザイナーの高木善彦さん、イラストレーターの辻野清和さん、編集をサポートしてくださった田中智沙さん、齋藤伸成さん、企画原案や執筆者人選にご協力いただいた金廣志さん、小林哲夫さんなど、この本を出版するうえでお力添《ぞ》えくださったすべての皆さまに心から感謝の意を表します。ありがとうございました。

中村眞大

14歳の世渡り術
WORLDLY WISDOM FOR 14 YEARS OLD

わたしたちの世界を変える方法
アクティビズム入門

2024年11月20日　初版印刷
2024年11月30日　初版発行

編著者　中村眞大

著　者　あーにゃ　足立心愛　安達晴野　奥田木の実　角谷樹環
カわニしみつハ　楠本夏花　Green Akari　塩川遥香
白坂里彩　田原ちひろ　丹野健／Chris Fotos　中村京香
中村涼香　夏目花　林樟太朗　日野原楓
三浦アーク　宮島ヨハナ　山本大貴　渡邉すみれ

イラスト　辻野清和
ブックデザイン　高木善彦（SLOW-LIGHT）

発行者　小野寺優
発行所　株式会社河出書房新社
〒162-8544　東京都新宿区東五軒町2-13
電話　(03) 3404-1201（営業）／(03) 3404-8611（編集）
https://www.kawade.co.jp/

印　刷　TOPPANクロレ株式会社
製　本　加藤製本株式会社

Printed in Japan
ISBN978-4-309-61770-1